给孩子们读的前后汉

马景贤 著

CNS PUBLISHING & MEDIA 中南出版传媒

岳麓書社·长沙

历史是一面镜子

汉代的疆域很大，在中国的历史上仅次于唐朝、元朝和清朝。从公元前二〇二年刘邦称帝起，至公元八年王莽代汉止，共历十三帝，二百一十年。历史上称为西汉或前汉。王莽篡汉闹了十五年，汉光武帝刘秀中兴后，传位至汉献帝(公元二五—二二〇年)，经历了十三位皇帝，一百九十六年的历史，历史上称为东汉或后汉。前后汉加起来共有四百零六年之久。

这么大的国家，这么长的历史，如何改写、简化，才能让少年读者有兴趣一读，对四百多年两汉的历史有个概括的认识呢？为达到这个目的，笔者尽量抓住那些较具故事性的人物、事件来写。在处理资料时，不必要的人物、琐事，能省则省。由于这是写给少年读者认识历史的书，不是一本研究历史的书，省略了一些不必要的人与事，并不会损及历史的真实性，但是为了保存历史记录的完整，总避免不了一些枯燥的陈述。

编写这部书还有一个目的，就是要帮助少年读者从曾经有过的那些人和曾经发生的那些事中得到启发，明白现在是如何由过去演变来的，进而激起少年读者对人类文明或社会的好奇和兴趣。我们要像爬台阶一样一层一层往上爬，一代一代往上追溯，了解了人类进化和朝代兴亡的脉络，才能从历史中得到宝贵的教训。

“历史是一面镜子”说的不正是这个道理？

目 录

第一章 汉朝的建立

◎大封王侯

◎淮阴侯韩信

◎匈奴和亲

◎高祖回故乡

大封王侯

乌江江畔的夕阳，照得滚动的浪花像一颗颗闪耀的宝石，三三两两的乌鸦，“聒聒聒”地叫着，在暮色中飞回树林里。

在美丽的江畔，刚刚有位百战百胜的大英雄，被汉王刘邦逼得走投无路，在这里拔剑自杀了，鲜血溅在江边石头上，仍一滴一滴往下淌。这位英雄，就是中国历史上鼎鼎有名的楚霸王项羽。

尸首呢?

被刘邦的追兵砍得血肉模糊的尸首，已被拎到汉王那里领赏去了。

江畔彩霞随着晚风渐渐由红变紫、由紫变黑。夕阳西下，夜幕低垂，中国历史上的楚汉相争就此结束。汉高祖刘邦统一了天下，那年是高祖五年（公元前二〇二年）。

高祖六年（公元前二〇一年）二月，立春刚过，汜水（汜，音sì。汜水，古水名，发源于河南巩义市东南，北流经荥阳市，北注入黄河）上的冰还没有完全融化，东一块西一块地浮在水面上。岸边光秃秃的树，在寒风中颤动。

离汜水不远的定陶却喜气洋洋，一群工人正为皇帝刘邦的登基大典，不分昼夜地赶工，建筑一座高高的坛台。

刘邦在大家的拥护下当上皇帝，第一件大事就是册封功臣，因为他能打胜这场战争，完全是这些功臣将军们的功劳。

他封英布为淮南王，封彭越为梁王，封韩信为楚王。

接着，他又在建筑雄伟的洛阳皇宫中，摆下盛大的酒席，慰劳所有的功臣。这时候汉高祖刘邦的心情就像春天里怒放的花朵，丝毫隐藏不住满腔的喜悦。酒席中，他很得意地谈论打败项羽的经过。

他神气地问大家："朕（zhèn，自秦始皇起专用为皇帝的自称）为什么会打败项羽?"

大臣和将军们怕说错话，都不敢吭声。

高祖说："说说看，说错了也不怪你们!"

于是有人说项羽小气，有功无赏；有人说项羽不会用人；也有人说刘邦能有福同享，所以能打败强悍的项羽，得到天下。

"哈……哈……"

高祖听了大家的话，开怀大笑。他端起酒杯，一仰脖儿喝了一大口，用袖子抹去嘴角流下的酒。

"你们这些话，只算说对了一半。你们再想想看，朕怎么会打败项羽的?"

宴会热闹的气氛立刻静默下来，大家你看着我、我看着你，不知道该怎样回答。汉高祖的眼睛盯着大家，像一只老鹰在寻猎物似的。

他看没有人回答，便笑眯眯地说："谈到打仗用计谋，朕没有张良的本事大；谈到治理国家、安抚老百姓，这点朕比不上萧何；谈到率领百万大军去打仗，朕更比不上韩信。他们都是了不起的英雄，但因为朕能用他们，才会取得天下!"

高祖说完，全场的人开始交头接耳，都说高祖是位知人善任的皇帝。

“再看看项羽，”高祖把嗓音提高，压住大家讲话的声音说，“范增多能干啊！可是他不会善用。你们说，项羽怎么不会败在朕的手里呢？”

高祖说完了，大家齐声高呼：“皇帝万岁！”

接着，高祖当场宣布：萧何的功劳最大，封他为酂(zàn，古地名，在今湖北老河口一带）侯，封他的土地最多。

其他有功的人听了很不服气，纷纷提出抗议，使得宴席的秩序大乱。

他们说：“我们出生入死，打过一百多场仗，萧何又没上战场，功劳怎么会比我们大？”

“对！这太不公平！”

高祖看着这闹哄哄的场面，并不生气，反而笑嘻嘻地打了个比喻。

“大家先别不高兴。你们会不会打猎？”

“打猎？会呀！谁不会打猎？”大家七嘴八舌地说。

“你们知道打猎要用猎狗吗？”

“当然知道。”

大家回答的口气很不耐烦，也很不满。

“打猎的时候，猎狗跟野兽打斗，就像在战场上打仗，但是指挥猎狗的是打猎的人。如果没有打猎的人，猎狗抓得到兔子吗？抓得到野鸡吗？”

高祖稍稍停顿一下，这时功臣们一片安静。

高祖又接着说：“今天大家的功劳哪里来的？你们就好比是猎狗，萧何就是指挥你们的猎人。再说，萧何带着全家大小跟我出生入死，哪一点不比各位的功劳大？”

听高祖这么一说，大家都不敢再吭声。

第二个受封的是勇猛善战的曹参，他浑身都是打仗受伤的疤痕。高祖封他为平阳侯。

第三个轮到张良受封。高祖让他自己选择齐国的地方三万户为侯。

张良很谦虚地说：“小臣过去跟陛下在留（江苏沛县以东）地相遇，这是老天爷的安排，所以小臣不敢要三万户，能封留地给我，我就心满意足了。”

张良知道高祖心胸狭窄，这时候功臣们都在邀功，他为了避免惹别人不高兴，所以才不要太多封赏。

张良原是韩国人，祖先好几代都当过韩国的宰相。秦国灭韩国时，他虽然还很年轻，就立下志愿要为韩国复仇。他将家里所有的财产处理掉，秘密结交义士，想法子要刺杀秦始皇。可是秦国防备得很严密，要想刺杀秦始皇，不是一件容易的事。

秦始皇二十九年（公元前二一八年），张良听说秦始皇又要巡游全国，便花钱买通一名大力士，展开暗杀的行动。

一天，秦始皇带着大批的人马，路过一个叫博浪沙的地方，车队正在往前走的时候，路旁突然跳出一个又高又壮的大汉，举起一把重达一百二十斤的大铁锤，朝秦始皇的车子挥过去。只听一声巨响，车子被铁锤砸得粉碎。可惜秦始皇坐在另外一部车子里，没有被打中。在紧张慌乱中，张良逃到下邳（pī），从此隐姓埋名，躲藏起来。

起初秦始皇追查得很紧，日子久了松懈下来，张良才敢出来走走。有一天，他闷得无聊，沿着小河边散步，走过一座小桥的时候，桥上一位老公公看见张良过来，故意将脚上的一只鞋抖落到桥下，然后很不客气地叫住张良。

“喂！小伙子，快把鞋子给我捡上来。”

张良心情不好才出来散心，想不到竟碰上这么不讲理的老头儿，真想狠狠打他一顿。但是仔细一看，那位老公公穿着布衣，拄着拐杖，年纪少说也有七十多岁了，觉得怪可怜的，便没有多说一句话，立刻帮他从桥下把鞋捡上来。

老头儿伸出脚来，又不客气地说：“给我穿上!”

张良又好笑又好气，一想他那么大年纪了，既然将鞋捡回来了，就给他穿上吧！于是张良默默地跪着替老头儿穿上鞋。

鞋穿好了，老头儿转头就走，连一声谢谢都没说。张良觉得这位老头儿好古怪，于是悄悄跟在后面，看看他到底是干什么的。

张良跟在老头儿后走了好一段路，老头儿才转过头对张良说：“你这小伙子还不错，可以调教调教。五天后，天没亮前，到桥上来见我。”

张良听老头儿的口气，不像是一个普通人，就很恭敬地答应了。

第五天，张良一大早赶到桥上，想不到老头儿早就在那儿等他了。

老头儿瞟了张良一眼，很不高兴地说：“年轻人跟老人家相约，应该先来等我的，为什么要迟到呢？回去吧！五天后再来见我。”

张良很不好意思，只好回去。

五天又到了。这次他不敢起晚，听到第一声鸡叫，就急急忙忙赶到那座桥去。天还黑黑的，可是老头儿又比他早到了。老头儿毫不客气又叫他五天后再来。

五天很快到了。这次张良下定决心要早到，于是月亮刚升起，他就踏着月色赶到桥上。不一会儿，果然看到老头儿拄着拐杖来了。

张良给老头儿行过礼，老人笑嘻嘻地说："好！好！这才像是个年轻人。"

老人说完，从袖口里拿出一部书，小心地交给张良。"小伙子，十年后，你一定会出人头地。这部书你要好好研究，对你有很大的帮助。"

张良很感激地一再道谢，然后问老人："老先生，晚辈什么时候可以再见到您呢?

"十三年后，在济北谷城的山下，你会看到一块黄颜色的大石头，那就是我了。"

张良还想要问老人一些事，但是一转眼他就不见了。

美丽的月光照着静静的田野，四周除了水声、虫声和风吹草动的声音外，什么也没有。张良抱着书，踏着月光往回走，边走边想："这位老人绝不是平常人。"

回到家后，张良打开书一看，上面写着"太公兵法"。张良知道太公就是姜子牙，也就是周朝周文王的军师，因此对这本书分外珍惜，从此整天研究书中的兵法，学会了很多作战的策略。

有一天，刘邦路过下邳，张良听说他要推翻暴虐的秦始皇，就去投靠刘邦，跟着他去打天下。后来他能够立大功，全靠从那本书学来的兵法。

十三年后，他路过济北的谷山下，果然看到一块黄色的大石头。张良便将这块石头搬回家供奉。

现在高祖封张良为侯，他知道，要太多的土地并不是一件好事。

汉高祖封完萧何、曹参和张良后，又封了大大小小二十多个官。那些没有得到封赏的人就一直吵个不停，高祖一时无法应付，干脆暂时停止分封。

日子一天一天过去，那些没有被分封的人心里很不痛快，就集合起来想要造反。高祖知道了很着急，张良出了一个主意，让高祖封一个平时他最不喜欢的人——雍齿。大家听说连皇帝最讨厌的人都受封，其他人应该不会有问题，才放心下来，一场可能的动乱就此平息。

古代的洛阳，一直是中国历史的舞台。一天，有个叫娄敬的人，身上披着破皮袄，推着小车子从洛阳路过。他边走边看，觉得洛阳确实是个帝王之都，山川地势都很雄伟，却不适合做汉的国都。

娄敬来到宫殿外，请求晋见天子。汉高祖听说有老百姓要见他，心里很纳闷，立刻召娄敬入宫。

汉高祖问他的来意，娄敬恭恭敬敬地说："现在天下统一了，可是人心并没有安定下来，陛下可要防备着点。"

"你是说有人要造反?"

"不是。小民认为国都要挑个地势险要的地方。"

"洛阳这里有什么不好呢?"

"我看秦中的地方有山有水，四周有关口，一旦发生紧急的事情，只要守住关口，山东（古地区名，战国、秦、汉通称崤山或华山以东为山东，与当时所谓关东含义相同）的地方再乱，仍然可以守得住关中。”

“你的意思是要在关中建立新的国都？”

“对！这就像跟人打架一样，要制伏敌人，务必一手紧紧掐着敌人的咽喉，一手按着敌人的背。建都在关中，就会有这样的形势。”

朝中大臣有很多山东人，他们都不愿意离开家乡，所以反对国都建在关中。他们的理由是，洛阳东有成皋（gāo），西有崤（xiáo）山、渑（miǎn）池，地理环境很好。

高祖见大部分人都反对，只有张良不说话。

“你有什么意见吗？”高祖问他。

“关中是金城千里，天府之国，确实是个好地方。”

“你详细说说看，到底怎么个好法？”

张良慢条斯理地说：“洛阳虽然有屏障可守，但范围太小，四面很容易被敌人包围，不容易防守，不是用兵的好地方。关中就不同了，左有崤函（崤山与函谷关），右有陇蜀（陇指陇右，蜀指西蜀），那里的土地广大肥沃，南边又有富庶的巴蜀，北边有胡苑（胡人牧养禽兽的苑囿。借指胡人地域）的便利，而东边可以控制诸侯。平日可以从水路将粮食运到京城。诸侯想要闹事，可以顺流送粮运兵。娄敬说得很有道理。”

高祖听完张良的话，便决定迁都关中（就是现在的陕西），在渭河南岸建起新的国都，命名为“长安”。

国都建好了，可是摆在高祖眼前的，还有很多问题，汉高祖是平民出身，跟他打天下的那伙人，很多是市井流氓，大家为了争功讨赏，整天吵吵闹闹。甚至吃饱喝足了，一言不合就在朝廷上拔剑动刀，非常粗鲁，没有礼貌，高祖却想不出什么办法来改变他们。

叔孙通是秦朝时候的博士，曾经投靠项羽，后来又投靠高祖。他听说朝中的秩序太坏，高祖很头痛，于是灵机一动，向高祖建议，应该规定一套上朝的仪式。

“微臣建议，可以制定一套上朝的礼节。有了礼节，自然就会有秩序了。”

“你可以帮忙制定这些礼节吗?”高祖不太相信他的能耐。

“微臣会尽力去办。”叔孙通很自信地说。

“好吧！那你就去试试看。可是不要太复杂，弄得大家都不懂。”高祖叮咛着，似乎对孙叔通没有信心。

长安城里的人都认为，这个只会讨好人的穷书生，是在搞鬼名堂骗皇帝，所以他找谁帮忙，谁都不理他，还有人讽刺地说：“人民的生活都管不了，要朝仪做什么?全是表面功夫，一点用处都没有。”

叔孙通到处碰壁，最后勉强凑了三十多人，加上他的学生，整天在长安城外演习上朝退朝的礼节。操练了几个月后，正式规定：所有朝臣要按新的礼节朝见天子。

那天刚天亮，兵士们的刀剑被朝阳照耀得闪闪发光，五彩缤纷的旗帜随着晨风飘扬，发出哗哗的声音。文武百官穿着新朝服，整齐地排成两列，大家按照官位大小，依序进入长乐宫。

只听司仪高喊一声：“拜见皇帝——”高祖乘车入宫，所有的官员弯腰行礼，全场非常安静，不再像过去那样吵吵闹闹的。

高祖看了好高兴，神气活现地说："好！好！真是太好了。我今天才知道当皇帝的威仪。"

叔孙通听了也很高兴。高祖赏他黄金五百斤，还封他为"太常"，负责掌管朝廷和宗庙祭祀的礼仪。

淮阴侯韩信

天才蒙蒙亮，长乐宫还在沉睡中。

吕后在床上翻个身，看看时间还早，想再多睡一下。刚要合眼再睡，一看皇帝的龙床是空的，吕后惊慌跳下床，四下找了找，发现屋子里空无一人，心里很纳闷。

"这么早，皇上会到哪儿去呢？"

吕后走出房门，看到远处的长廊有一个黑影，仔细一看，原来是高祖一个人站在那里。吕后走过去，给皇帝披上一件斗篷。透过微弱的晨光，她发现皇帝的脸色很不好。

"陛下早啊！"

高祖都不理，仍然站着不动。吕后是个个性很强的人，什么事都要过问，明明知道皇帝不爱说话，仍然一连问了好几回。高祖没好气地用力一甩袖子，丢下一句话："造反了！"说完，转头就往屋里走。

吕后在后面追着问："燕王造反的事不是平定了吗？为

什么还要放在心里?”

“不是燕王，是韩信这个家伙。”

吕后听说是韩信，大吃一惊，吓得不敢再问。

这天早上，高祖特地提前上朝，向文武百官宣布韩信造反的事。大家听了都感到很意外，也感到不安。因为燕王臧荼（zāngtú）造反刚平定，现在韩信也造反了，高祖当然很烦恼，他觉得这些功臣太不可靠了。

“韩信本来只不过是个小兵，朕封他为王，他竟敢背叛我。”高祖气愤地说。

推荐韩信给高祖的萧何，看到高祖怒气冲冲，吓得像个木头人，一动也不敢动。

韩信是帮助高祖打天下的大功臣。高祖能打败西楚霸王项羽，不能不说是韩信的功劳。韩信从一个默默无闻的小卒，当上了王，不免有些骄傲，衣锦还乡回到淮阴后，到处向人炫耀，好不威风，因此惹来很多人的嫉妒。凑巧有个项羽原来的大将钟离眛（mèi），高祖很恨他，一直想要抓他，而韩信竟收留了钟离眛，于是一些不喜欢韩信的人，就造谣说韩信要造反了。

韩信曾经历一段艰苦的岁月，他能文能武，志气大、才气高，可是运气不好，年轻的时候，在家乡淮阴一直找不到工作，整天到处闲逛，无所事事。

一天，韩信无聊极了，便到城外走走，一时也不知道往哪去。他自怨自艾，慨叹潦倒到连家乡都混不下去。韩信只顾着胡思乱想，连对面来了两位老人，都没注意到。

“年轻人!”其中一位老人大声喊着。

韩信这才像从梦中惊醒过来似的，慌慌张张地回答："啊……两位老丈在喊我吗？"

老人笑着对韩信说："你这年轻人，看看四周吧！这里只有你，我们还会喊谁呢？"

"对不起！对不起！"韩信很不好意思。

"瞧你一副无精打采的样子。年轻人打起精神来呀！"

韩信听了，惭愧得满脸通红，低声问："二位老丈哪儿来？"

"我们从昆仑山来，可是……"老人说到这里，停住了。

"……可是，我们没有路费了。"另外一个老人接着说。

韩信一听路费没了，想必是要向他讨点钱，可是自己穷得连饭都没得吃，哪里还有钱给他们呢？因此他支支吾吾地想赶快走开。其中一位老人立刻拉住他。

"你别走，我们的话还没说完呢！"

老人拿出一把宝剑，说："这把宝剑卖给你。"

"这部古书卖给你。"另一个老人捧着一部古书说。

韩信看着书、看着宝剑，又看看两位老人，真是哭笑不得。

"我这把宝剑叫'藏心宝剑'。"

"我这部书是'九丘八索，两头儿不要'。"

韩信无可奈何地叹了一口气，说："两位老丈，书是好书，剑也是好剑。可惜，我……"

"我看你的面貌不凡，不会连'学成文武艺，卖与帝王家'这话都不懂吧？"持剑的老人说。

"我懂！可是我空有一身本事，却连肚子都填不饱，哪儿还有钱买这些呢！”

“我问你，你喜不喜欢这部书和这把剑？”

“喜欢又有什么用？”

“既然你喜欢，我们就送给你好了！”

韩信听说老人要把书和剑送给他，一直往后退，说：“不……我们刚见面，怎么好平白收下这么宝贵的东西？”

拿剑的老人捋捋银白的胡子，慷慨地对韩信说：“书和剑都送给你，将来成了名，我们再来祝贺。”

两位老人态度非常诚恳，韩信只好接了宝剑和书。当他正要问问两位老人的姓名时，他们早就不知去向了。

韩信肚子饿得咕噜咕噜响，可是看着手上的剑和书，心里却快乐极了。他匆匆忙忙回家，想仔细看看，却前看后看，看到天黑了，都看不出它们有什么特别的地方。

韩信在屋子里迈着方步，心想，这两位老人一定有些来历，不然在荒郊野外，给我一把剑和一部书干什么呢？他思索了好久，突然恍然大悟。

“剑的名字叫‘藏心宝剑’；剑是防身兵刃，而要藏在心里，这不是‘刃’加上‘心’，就是个‘忍’字吗？”

韩信不停地抚摸着宝剑，又想到那部书的名字也很特别，老人说书的名字是：“九丘八索，两头儿不要。”韩信念了好几遍书名，猛拍了一下桌子，大喊着：“哎呀！九丘八索，两头不要；去掉‘九’和‘索’，剩下‘丘八’加在一起不是个‘兵’吗？”

韩信打开书一看，原来这是一本兵书——《孙子兵法》。这时他的肚子也不饿了，点着小油灯慢慢看，越看越有兴趣，竟然连夜一直看到天亮。

有了书和剑，韩信好像有信心多了，心想这两位老人是很有道行的人。可是眼前肚子又饿了，于是拿起钓竿到河边，看看能不能钓几条鱼起来吃。钓了好久，却连一条小鱼儿都没有钓到，他不禁叹气说："想不到人在倒霉的时候，什么事都不顺利。"

韩信把钓竿往河边一丢，垂头丧气地正想回家。他沿着河边走了一会儿，肚子饿得一步都走不动了。这时河边有位洗衣服的老婆婆，看见韩信饿得怪可怜的，就拿饭给他吃。

韩信肚子饱了有了精神，很感激地对老婆婆说："谢谢您的一饭之恩，等我将来有好发展，一定好好报答您。"

"算了吧！我是看你可怜才给你东西吃。你一个大男人，连自己都养不活，谁还要你报答？"

韩信听了这话，感到很没趣，又谢了几声后便走回家去。

韩信虽然有了宝剑和《孙子兵法》，但是生活问题并没有解决，仍然游手好闲，无所事事。一天，他在街上晃荡，碰上两个专门欺负老实人的小无赖。这两个小坏蛋刚喝了酒，醉醺醺地叉着腰往路中央一站，挡住了韩信的路。

"两位小兄弟，有什么指教吗？"

韩信很有礼貌地向两个小无赖作揖行礼。

"你叫我们什么？再说一次。"

两个小无赖，一个用手指着自己的鼻子，一个伸手推了韩信一把，差点推倒了他。

"小兄弟？你比我们大多少？"其中一个无赖凶巴巴地说。

"啊……对不起，两位老兄。"

"叫老兄也不行!"

"对!不行。"

两个不讲理的小坏蛋，你一句我一句地刁难着韩信，逼得韩信一步一步往后退。

"今天要跟你姓韩的较量较量。"

"较量!"韩信又往后退了一步，"我跟两位老兄无冤无仇，有什么好较量的?"

"你的武艺不是很高强吗?有本事就把你的宝剑拔出来。"

"对呀!"另一个小无赖虚张声势，大声吆喝着，"来!有本事就刺过来，我们用刀对付你的剑。"

韩信仍然谦卑地又朝两个人作揖。

"两位老兄，我的剑是防身用的，怎么敢伤人呢?请让我过去吧!"

"不——行——"

两个小无赖伸手拦住韩信，其中一个指着韩信的鼻子说:"想不到你韩信也不过是个胆小鬼。"

"好吧!看你可怜兮兮的样子，饶了你吧!"

韩信刚走一步，又被他们拦住了。

"要走可以，你要从这里钻过去。"小无赖指着胯下说。

这两个家伙实在无理，韩信再也忍不住心中的怒火，正想拔剑刺去，突然想起老人的剑不是叫"藏心宝剑"吗?意思不是劝他要忍耐吗?于是他又把剑收回去。

"两位要我从你们胯下钻过去，请把腿分开吧!"

两个小无赖一前一后，把腿张开。韩信低着头，从两个人的裤裆下钻了过去。

“哈……哈……”

两个无赖看韩信从他们胯下钻了过去，得意地捧着肚子大笑。

“哈……哈……原来韩信是个胆小鬼！哈……”

“我……我还以为他是什么英雄好汉呢！哈……”

韩信忍受着“胯下之辱”，头也不回地离开了。从此他再也不想留在家乡，决心出外闯一番事业。

起初，韩信投奔项羽，可惜项羽不会用人，只给韩信一个很小的职位。韩信感到非常失望，后来通过张良的介绍，认识刘邦的军师萧何，于是决心投奔汉军。

萧何早就知道韩信是个文武双全的人才，所以当韩信进了萧何的营中，萧何见到他之后，就心直口快地问：“你为什么不帮助项王了？”

“这……军师应该比我更清楚呀！”

“尽管说，用不着隐瞒。”

韩信这才直言批评着：“项王不会用人，只会逞自己的武力独自作战，而且从他杀死义帝自立为王，就可以看得出他个性凶悍，不讲仁义，一定成不了贤王。”

“你觉得汉王怎样？”

“汉王会用人，知道爱护人民，将来必定是个贤君，所以我弃暗投明，愿意归顺汉王。”

萧何很喜欢韩信，就暂时留下他负责管理军中的粮食，想不到韩信的运气那么不好，才当了三天的粮官，楚军趁汉军没有防备，烧了汉军的粮食。韩信和他十一个部下都被判了死罪。

执行死刑那一天，刑场围满了观看的人。十二个人已经斩了十一个，最后一个是韩信。很多人都为韩信抱不平，因为他才上任三天，实在太冤枉了。

韩信眼看就轮到他了，把心一横，心想死就死吧！正在胡思乱想时，来了一位差官，松开韩信的手脚，将韩信带走。

一被带进营帐，监斩官滕公问他："你是韩信吗？"

"是！"

"谁推荐你投入汉军的？"

"萧军师！"

滕公早就看出韩信相貌堂堂，不像是一个普通的人，一听是萧何推荐，更起了怜悯之心，决定饶他一命。

"依照军法，你被判的是死罪，你知道吗？"

"小的知罪。"韩信抬头看看监斩官，说："不过小的才上任三天，实在是冤枉啊！"

滕公又朝韩信端详了片刻，然后说："老夫饶你一命，快快逃命吧！"

监斩官手一挥，让韩信快快逃走。

韩信简直不相信会有这种好事，听了滕公的话，连连道谢后，立刻逃走。

粮食失火，萧何一看受刑人的名单中有韩信的名字，立刻请求汉王刘邦免韩信一死，然后上马飞驰到刑场，一看十几个人已经斩完了，萧何急得直跺脚，怪自己来晚了一步。

"军师是找韩信吗？"滕公从背后走过来。

萧何脸色很沉重，半天说不出一句话。过了好一会儿，他才对滕公说："汉王有令，免韩信一死，可是……我晚了一步……”

“军师，韩信没有被斩啊！”

“是吗？那他人呢？”

“已经逃走了。”

萧何二话不说，转身跳上马，飞也似地追过去，速度快得从后面远远看去，只看到一条黄色的烟尘。萧何追到天色已黑，明月升起，还是不愿失去韩信，趁着月色仍然往前追。

再说韩信离开了刑场，本来想找个客栈休息，想想自己这样倒霉，还是回家算了，于是快马加鞭地往前奔驰。

萧何早就猜想到，韩信一定会心灰意冷地连夜赶回家，所以一直朝着韩信回家的路追赶。他奔驰过宁静的原野、起伏的山峦，在朦胧的月色中，远远看到前面有一个人影，在黑夜中奔驰。

萧何一边加速追赶，一边大声喊着：“韩——信——”

韩信听到后面有人喊他，以为是汉兵来追他了，反而快马加鞭拼命飞奔。

萧何在后面紧紧追赶，一边喊着：“韩信，我是萧何——快停下来！我有话跟你说。”

萧何年纪比较大，算是韩信的长辈，论身份，又是他的长官，天色这么晚了来找他，韩信当然不忍心不停，于是他勒马停下。萧何累得上气不接下气地赶过来。

“军师连夜找我，是……为了烧粮仓的事？”韩信问。

“不……不……是……”萧何喘着气，摆摆手说，“那件事不要管它了。”

“那是为了什么事呢?”

“我是奉了汉王的命令，请你回去。”

“汉王见都没有见过我，找我做什么?”

“不，汉王早就听过你的大名，所以特地派我来请你回去。”

“谢了，”韩信很灰心，“我的运气太坏，还是回家种田好了。”

“你精通兵法，又有大志，就甘心隐姓埋名过一辈子?”

韩信用脚猛踢一块黄土，把它踢得好远，看得出他的心里非常痛苦。他望着天上的明月，长长叹了一口气。

“有大志又有什么用? 潦倒到连饭都没有吃，好不容易当个粮官，还不到三天，粮仓就着火了，这不是命是什么?”

萧何往前靠近一步，安慰他说：“人免不了遇到一些挫折，相信你就要苦尽甘来了，跟我回去吧!”

“谢谢你，但我不想回去了。”

“你不相信我?”

“我相信。但是我不愿意空跑一趟浪费时间。”

萧何拍拍胸脯，紧紧拉着韩信的袖子说：“老夫保证汉王一定拜你为元帅。”

明亮的月光下，看得出萧何的表情很诚恳真挚，韩信非常感动，急忙跪在萧何面前，重重磕了三个头。

“军师这样器重我，我一辈子都忘不了。”

“不必客气了。我们希望早点平定战乱，为汉王打下江山，到那时候回故乡，该有多光荣啊!”

月色更浓，夜更静，两个人轻快地骑着马回到汉营。

几天后，汉王刘邦听从萧何的建议，任命韩信为大元帅，并且选了个好日子，当着所有人的面前颁布任命令。当韩信慢慢登坛受封，亲手接过汉王赐给他的宝剑和印信时，四方响起了欢呼声。

从高高的坛上往下望，五颜六色的旗帜随风飘扬，韩信感动得眼角都湿了，他想，这不是在做梦吧？

当然，一个小小的粮官一下子升坛拜将，不但让人感到惊讶，也有人很不平。韩信知道这点，于是立刻下令鸣鼓，把所有的将士聚集在点将坛前。

咚咚咚……咚咚咚……

一阵鼓声后，将士们都排列整齐，韩信一个一个点校着大将的名字。

“首将曹参！”

“有！”

“大将陈豨（xī）！”

“有！”

“淮南王英布！”

“有！”

“大将张耳！”

“有！”

韩信一个一个点下去，点到殷盖的时候，喊了几声都没人应答，立刻下令派人将殷盖从营帐中捆绑过来。

韩信很生气地问：“你是殷盖吗？”

“是！”

“为什么擂鼓集合你不来？”

"昨天晚上喝醉了，所以……"

韩信大怒，呵斥着："你身为大将，竟敢饮酒耽误了军机，给我拖出去斩首。"

大家听了都吓呆了。韩信刚当上元帅就要斩一员大将，立刻引起坛下的不满。其中有一员大将甚至站在前面嘲笑韩信。

韩信又再大声呵斥："我早下过军令，大声喧哗的人斩首！是谁在大声喊叫！"

"我！"那个嘲笑的人回答。

韩信一看对方是员猛将的样子，就很严厉地说："你竟敢故意违背军令？"

"你一点功劳也没有，凭什么刚当了元帅，就无缘无故地处死一员大将？"

"他违背我的命令！"

"哼，我樊哙（kuài）就是不听你的命令。"

原来跟韩信起冲突的人，是汉王最亲信的大将樊哙，他当然看不惯韩信的作风。

樊哙往前跨一步，指着韩信说："你不过是个受'胯下之辱'的懦夫，有什么了不起。"

"哼，我不管你是谁，王子也要守法。来人啊！将樊哙斩了。"

"你敢！"樊哙瞪圆双眼大吼。

萧何得到消息，急忙赶来说情。他远远地就大声喊着："汉王有令，留人……"

韩信迎过去问萧何："汉王要留谁？"

"樊哙！"萧何将汉王下的命令交给韩信，"殷盖该杀，至于樊哙，看在汉王的面子上，饶他一命。”

韩信下令将樊哙带上了，责备他说：“不要靠着你是汉王的亲戚，就不服从命令。不要以为你在鸿门宴上保护汉王有功，就自以为了不起。”

樊哙站得笔直，一动也不敢动，脸涨得通红。

“好吧，”韩信瞪了樊哙一眼，“汉王要留你可以，但是不能白白饶了你。来人啊，重打一百大板。”

樊哙挨了一顿板子，连叫也不敢叫一声。从此以后，韩元帅的命令没有人敢不听了。

萧何、张良、韩信成了汉王刘邦最得力的助手，三个人还发誓，决心帮助汉王建立汉室。

后来，在楚汉相争的最后一次战斗中，韩信十面埋伏，将楚霸王项羽困在垓（gāi）下，项羽自杀，整个江山落到刘邦的手中，韩信的功劳可以说是最大，所以，高祖分封功臣时第一个封他为楚王。

家乡的亲友听说韩信封了王，都跑出来在街道两旁迎接，人群中有两个醉汉却摇摇晃晃地胡闹作乱，韩信叫人把这两个醉汉抓来，仔细一看，原来就是曾经让他受胯下之辱的那两个小无赖。

韩信大喝道：“你们看看我是谁？”

两个人抬头一看，认出来是韩信，不禁吓得浑身发抖，口中一直喊着：“大人饶命啊！”

韩信看他们那个样子，又好笑又可怜，想要将两个人送到官府去治罪；但是转念又想，当年要不是受了这两个无赖的胯下之辱，自己也不会决心离开家乡了，因此对地方官说："放了他们吧！"

两个无赖头也不敢回，连滚带爬地消失在人群里。

韩信又去拜谢在河边给他东西吃的老婆婆。

"老婆婆还记得我吗？"韩信行了礼，说，"您曾经给我东西吃。"

白发老婆婆揉揉眼睛，走近仔细瞧了瞧，看了半天，才想起过去的事。忍不住张着干瘪没有牙齿的嘴笑个不停。

"原来是你呀！现在当官了！"

韩信跪在地上朝老婆婆磕头，感谢她的好心和恩德，然后叫人拿了很多黄金送给老婆婆。

现在高祖听说韩信要造反，烦恼地问了一向很有谋略的谋士陈平。

"你认为该怎么办呢？"

陈平认为，如果出兵攻打韩信，绝对不是韩信的对手，便劝高祖去云梦地区巡游。云梦就是现在洞庭湖以北的地方。皇帝来了，当臣子的当然要来接驾，便可以趁这个时候将韩信抓起来。

韩信果然因此被抓，但高祖并没有他造反的真凭实据，所以不忍心杀他。于是把韩信带回长安，将他降级为淮阴侯，取消他的封地。韩信知道高祖嫉妒他，从此不出门，不上朝，皇帝召见他，也常常装病不去。

汉高祖闲着没事，跟韩信谈打仗带兵的事。

高祖问韩信："像朕这样，能够带多少兵呢？"

"陛下顶多带十万人。"韩信说。

"那你呢？"

“我？有多少我就能带多少，越多越好。”韩信自负地说。

高祖冷笑着说：“既然如此，你为什么会被我捉住？”

“陛下不会用兵，但是会用将，所以我才会被俘，这也可以说是天意，不是人力！”

两个人一问一答，虽然表面上笑嘻嘻的，其实他们话里有话，各不相让。韩信心里很不痛快，从此真的埋下造反的念头。

恰巧这时候北方的匈奴闹得很凶，边境非常危险，高祖派大将陈豨去防守。

陈豨跟韩信是好朋友，出发前来跟韩信辞行。

韩信自从被高祖带回长安后，心中一直闷闷不乐，韩信见到好朋友来看他，就悄悄跟陈豨说：“我有些内心话想跟你谈谈。”

陈豨一向很佩服韩信，立刻说：“将军有话尽管说，我一定照办。”

韩信的胸中似乎充满了怨气，说话前长长叹了一口气：“你是皇帝最信任的人，可以说没有人管得了你，要你防守的又是边防最重要的地方，谁想在皇帝面前说你坏话也没有用。但是如果有人告你三次，朝廷一定会出兵消灭你，而且皇帝一定会亲自率兵出征。到时候我在这里响应，咱们就可以完成革命大事了。”

陈豨也是个有野心的人，听了韩信的话就答应了，从此到处招兵买马，扩充自己的实力。一天，陈豨路过邯郸，跟随他的人马、随从住满了全城的官舍，声势浩大，行动很惹人注目。这个消息被高祖最信任的大臣周昌知道了，就到朝中向高祖报告，说陈豨可能会造反。

高祖查明了陈豨造反的事实后，便想将他治罪。恰好这时高祖的父亲去世，所有的王侯都要来送葬，陈豨却假装生病不参加丧礼。这时逃到匈奴的韩王信（不是韩信）来找他，陈豨受不了诱惑，真的联合韩王要造反。他自立为代王，带领大军南下攻打汉军。果然像韩信所预料的，高祖亲自出征，并且邀韩信一起去，韩信也假装生病，不肯跟高祖前去。后来，太尉周勃从太原出兵，打败叛军，平定了北方代地和马邑。陈豨无路可走，只好投靠匈奴，但是，途中被大将樊哙追杀，结束了性命。

韩信当初因为早跟陈豨有秘密约定，所以不肯随同高祖出征，高祖一走，他就和陈豨串通造反的事。谁知道事机败露，韩信官府中的人将韩信的阴谋偷偷告诉了吕后。

吕后听了，立刻跟萧何商量。萧何一看事态非常严重，便捏造消息，说陈豨已经被杀，高祖快回长安了，要韩信去欢迎高祖。

韩信推说有病不能前去。

萧何说："皇帝打胜仗回朝，这是大事，所有的王侯都该到朝中去庆贺，有病也得勉强去。"

韩信信以为真，到了朝中，立刻被吕后派人杀掉。

临死时，韩信慨叹地说："我后悔不听谋士蒯（kuǎi）通的话，才被女人欺负！这一切都是命吧！"

汉高祖回到长安，吕后忙将韩信造反的事告诉高祖。高祖听说开国功臣韩信被杀，也不免叹息。

高祖问吕后："韩信临死前说了什么吗？"

“他说，后悔没有听蒯通的话。”

高祖立刻将蒯通押到京城，呵斥道：“是你教唆韩信造反吗?”

“是呀！可惜他太笨，不听我的话，不然怎么会落到这种地步！”

高祖听了蒯通的话，气得不得了，就下令把他烹了。

蒯通大喊冤枉。

高祖问他：“你教唆人造反，有什么冤枉的?”

蒯通回答说：“天下大乱的时候，各地诸侯纷起，就好像打猎一样，秦有如一只鹿，大家都想追逐鹿，谁的腿快力气大，就能得到天下。一个人忠心于他的国君，就像狗忠于它的主人，韩信是我的长官，因此我的心目中只有韩信，我并不知道有陛下啊！而且要跟陛下争夺江山的人太多了，只是他们没有达到目的罢了。陛下要烹就把大家全部烹了为什么单单烹我一个人？所以我才喊冤枉!”

高祖听了，觉得挺有道理，就说：“好，饶你一命。”

韩信这件事过后，高祖眼看他分封的功臣也靠不住了，便将韩信的封地分成荆、楚两国，封他的堂兄刘贾为荆王，封弟弟刘交为楚王。从此高祖私心越来越重，慢慢地将姓刘的子弟都分封到最重要的地方，把功臣的位子换成自己的族人。这样虽然暂时保住了江山，却埋下了后来七国之乱的祸根。

匈奴和亲

河南北部的韩国故地，地理位置非常重要，如果不是封给刘家的人，高祖担心韩王会像楚王韩信一样背叛他，便下令将韩王信调到北方，防守太原对付匈奴。

匈奴一直是中国北方的大敌。秦始皇派蒙恬带着十万大军，将匈奴赶到北方，从此匈奴不敢侵犯中国。秦朝末年天下大乱，边疆没人防守，匈奴渐渐强盛起来，又开始不断扰乱中国边境。到了汉代，更成为最严重的外患。

汉高祖结束楚汉相争后，还没喘过气来，匈奴的首领冒顿（mòdú）就带领大批人马攻打太原。韩王信因为不满意高祖更换他的封地，就和匈奴结合起来抵抗汉军。高祖非常气愤，亲自出征讨伐匈奴。韩王信被高祖打败，跟着匈奴逃亡北方。

北方的冬天非常寒冷，天上飘着大雪，汉军哪里受得了，高祖却坚持要往北方追击。派出去侦察敌情的人回来告诉高祖，匈奴都是些老弱残兵，根本不是汉军的对手。

高祖信以为真，他在好胜心驱使下，发动了三十二万大军进攻匈奴。高祖来到广武时遇到刘敬，他也是奉命探听匈奴军情的人。

他劝高祖说：“臣认为敌人在欺诈我们，陛下万万不要小看敌人。”

“你怎么知道?”

“臣沿路上看到的都是些老弱残兵。”

“这早就有人报告过了。”高祖有些不高兴。

“但是按照道理，双方打仗都该派最强的人，怎么可能都是一些不能作战的人呢?”

“那是因为匈奴军中无强人！你别再散布不实的消息，扰乱军心。”

高祖不由刘敬辩驳，派人将他关起来。他不高兴地瞪着被押下去的刘敬，生气地说：“等我回来再跟你算账!”

打前锋的汉军都是最精锐的骑兵，由高祖率领，快速往前冲，但后面的都是步兵，在冰天雪地中走得很慢，三十多万的大军，前后的距离拉得很远。

大军进入敌人的地境后，来到一座叫“白登山”的小山。

在汉军还没到来以前，冒顿早就在山谷中埋下了伏兵。高祖以为进入山中，只要控制山口，就可以等待机会歼灭敌人，没想到中了敌人的埋伏，汉军被四面八方的敌人包围住，冲又冲不出去，救兵也接应不到。

大雪纷飞，北风呼号，军粮快耗尽了，军师张良也没有来，连一向足智多谋的陈平也没了主意，高祖这才后悔没有听刘敬的劝告。

第七天，陈平跟高祖商量，用武力没有用，只有用计退敌。陈平挑选一个胆大的汉兵，带了金银财宝和一幅美女图，乘着夜里的大雾潜到匈奴的军营去，想买通冒顿的阏氏(yānzhī，匈奴对正室妻子的称号)。

冒顿很喜欢他美丽的妻子，也很听她的话，所以她在匈奴也很有权势。汉使探听到冒顿喝了酒，正在呼呼大睡，便买通服侍的人去见阏氏。

汉使见到阏氏，献上珍贵的礼品。阏氏看了非常喜欢，便问汉使："我们正在打仗，你如此前来，不怕危险吗?"

"不怕，我是为了你好。"

"为我好?"阏氏很惊讶。

汉使打开美女图说："你看，这图上的美女是不是很好看!"

"哼!那又怎样?"阏氏看了很嫉妒。

"不，这是汉朝皇宫里的绝色美女，高祖要和你们谈和，打算将美女送给你的丈夫，现在就快到了。"

汉使将美女图卷好，小心地交给阏氏，请她交给冒顿。

"请你把图带回去，我会告诉他这件事。"阏氏说。

汉使和颜悦色地说："请告诉冒顿首领，这是汉帝最心爱的美女，为了显示他的诚意及两国的友好，他才不得已割爱的。"

阏氏送走了汉使，看看眼前闪闪发光的珠宝，实在很心动；又想到汉人要送美女给冒顿，这对她是很不利的，有了汉朝的美女，她会失去冒顿对她的宠爱。

阏氏收好了珠宝，装出一副很慌张的样子喊醒冒顿。

"快!快!"阏氏用力摇着冒顿，"汉军的救兵快到了，快起来呀!"

"什么?"

冒顿翻身从床上跳了下来，顺手抓起身边的弓箭。

"汉帝被围了七天不降，就是在等救兵，救兵一到，他们一定会拼命和我们决一生死，到时候谁胜谁败，实在很难说，如果……如果我们败了，你被抓去，那……我们就要被迫分离了，怎么办呀……”

阏氏抱住冒顿，假装很伤心又很害怕地哭着。

“你说应该怎么办呢?”

阏氏擦了擦眼泪，说：“我看，不如在汉军的救兵未到之前，就先放了他们吧!”

冒顿看看美丽的妻子，有点不愿放走汉高祖的意思。阏氏又抱住冒顿大哭。

冒顿考虑了好久，实在不舍得让美丽的阏氏伤心，于是天刚亮，就下令撤兵退回北方。

汉高祖看到冒顿撤退，也不敢追击，就在大雾中，带领汉军撤往南方，留下高祖的哥哥刘仲为代王，防守边境。

回到广武，汉高祖立刻下令放了刘敬。

高祖很惭愧地说：“朕很后悔没听你的话，才中了冒顿的计。”

汉高祖回到长安不久，韩王信的余党起兵闹事，高祖又带兵去亲征。

平定叛乱后，返回国都时，路过某处，高祖突然觉得很不安宁，问随从的人，这是什么地方，大家告诉他这里是栢(bò)人。

高祖说：“栢人者，‘迫’人也!”高祖认为“栢”跟“迫”的音很相近，心里很忌讳，所以没有住下来。

回到长安，天天传来匈奴入侵边境的消息。他的哥哥代王刘仲逃回洛阳。高祖非常忧愁，他问刘敬：“匈奴闹得这么凶，你看该怎么办？”

“冒顿十分蛮横，国家又刚安定，打了那么久的战，将士们都很劳累，对匈奴只可以用软的方法，硬拼是很难打得过他们的。为了长久着想，小臣想出一个方法，但是恐怕陛下不会答应。”

“有话尽管说，能够做的朕一定照办。”

刘敬看看高祖，提出了和亲的建议。

“陛下如果将长公主嫁给冒顿单于（chányú），将来公主有了孩子，必定会被立为太子。冒顿是陛下的女婿，他死后，陛下的外孙会当上单于。有了这层亲戚关系，陛下想想，哪有外孙跟外祖父过不去的呢？这样匈奴不必打，就已经降服汉朝了。”

高祖听了刘敬的意见，一直点头，同意将长公主嫁给单于。但是，吕后听说要把女儿嫁到匈奴，难过得大哭。

“我们只有一个女儿，为什么要把她送到匈奴去呢？”她问高祖。

跟敌人和亲，这对汉朝来说，是很不光彩的事，加上吕后的反对，高祖想想，也不忍心将亲生骨肉嫁出去，便将事情搁下来。可是匈奴的声势越来越高涨，实在想不出一个好方法，最后还是选了同族的一名女孩，派刘敬带去和亲。

从此汉朝开始以和亲政策来对付北方的匈奴。

刘敬只求眼前匈奴不要骚扰边界，根本忘了国家的尊严。他提出将皇帝的女儿嫁给匈奴这件事更加好笑。长公主鲁元公主，那时候已经嫁给赵王张敖（áo）了，汉高祖听了刘敬的话，也不多思考就匆忙做了决定，由此可见北方匈奴问题实在是到了非常严重的地步，才会让高祖糊里糊涂做出儿戏般的决定。

高祖出兵攻打匈奴，被困白登山，逃回来的时候，路过赵国。高祖打了败仗，心里当然不舒服。虽然赵王张敖对高祖很恭顺，服侍得非常周到，可是高祖心烦、恼怒，认为张敖是他的女婿，便拿张敖当出气筒，一直骂个不停。

张敖的父亲张耳是开国大功臣，他死后，高祖才封他的儿子张敖为赵王。张耳的老部下看高祖一直辱骂张敖，认为张敖太没有大丈夫的气概，便一起去找张敖抗议。

宰相贯高对张敖说："国君跟臣子虽然地位不同，但是如果没有臣子的辅佐，国君的地位也不会稳，实在不该太欺负人了。高祖这样无礼，我们干脆杀了他，替你出一口气。"

张敖听了冒出一身冷汗，立刻咬破手指，向大家发誓说："我能有今天，都是皇帝的恩典，当年我父亲家破人亡，全靠皇帝帮忙。而今你们竟敢满口胡说。"

宰相贯高等一群人听了张敖的话，表面上虽然不敢再说什么，却在背地里商量。

有人说："赵王为人太厚道，但是这口闷气不能不出。虽然他不答应，我们还是可以自己动手。成功了，我们奉他为主；败了，我们自己承担，不要连累到赵王。"

这群不服气的大臣一直在等机会。恰好高祖路过栢人，贯高派人在皇帝住的地方埋伏，准备夜里行动。但是高祖命不该死，前面提过，他认为栢人的"栢"和"迫"音很相近，不愿意住下，于是逃过一劫。

后来，贯高有个仇人，把暗杀高祖的事泄漏出去。高祖听了大怒，下令将密谋杀他的那群人押到京城。有的人看到圣旨，害怕得连抗议都不敢就自杀了。

贯高骂道：“你们这些没有骨头的东西！当初你们是怎么说的？大家都死了，谁替赵王申冤？”

贯高在长安城的牢房里，被打得遍体鳞伤，但是他一口咬定：“赵王不知情，全是我们干的！”

吕后为了自己的女儿，当然要替张敖说好话，认定自己的女婿不会造反。

但是高祖听不进去，他很生气地说：“哼！等张敖当上了天子，你的女儿不就是皇后了吗？”

贯高在狱中都快被折磨死了，还是坚持说：“事情是我们干的，跟赵王没有关系。”

高祖觉得很奇怪，便派贯高的同乡好友泄公私下到狱中打听实际的情形。

泄公见贯高躺在狱中，全身是伤。他走到贯高面前，轻声喊了他的名字。

“泄公？”贯高张开眼睛，一看是泄公，又悲痛，又感动。

泄公亲切地安慰他，又问他关于赵王造反的事。

“赵王到底有没有预谋杀害国君？”

“泄公，你应当知道，谁没有父母妻子。我认罪连我的家人都要被杀，我为什么要牺牲我的亲人来袒护赵王呢？赵王的确没有造反的意思，我不能昧着良心陷害赵王。”

贯高把事情的经过详细说了一遍，一边说一边落泪。泄公将情形禀告高祖，高祖非常钦佩贯高，便免了他和赵王的罪。

贯高知道赵王获释，很高兴地说："我已尽到责任了，死了也没有什么可遗憾的了。"说完就自杀了。他侠义的行为因此传遍天下。

高祖回故乡

韩信鼓动陈豨造反不成，遭到杀身之祸，中国历史上一代名将从一个无名小卒到登坛拜将再到被杀身亡，就像天上一颗闪亮的流星，很快就消失了。

高祖亲自出征讨陈豨，回到长安，听说吕后杀了韩信，心里很高兴，因为高祖早就要杀他，但是没有什么正当的理由，怕人说他太没良心。

征讨陈豨的时候，高祖要梁王彭越一起去，彭越假装生病，只派了少数兵将到邯郸做个样子，敷衍一下。高祖很不高兴，觉得彭越也靠不住，便派人去责问他。

彭越心里明白高祖一定不会饶过他，焦急得坐立不安，想要当面向高祖谢罪。

他的部下扈辄（hùzhé）拦住他，说："去不得！"

"到了这种地步，不去谢罪成吗？"

"大王当时不去谢罪，现在皇帝派人来问你才去，一定会被杀！"

彭越想想也对，急得在屋子里打转，不知道该怎么办才好。

“你说该怎么办?”他问扈辄。

“只有起兵造反!”扈辄很坚决地说。

彭越没有听扈辄的话，也没有向高祖谢罪，想拖延一段时间再说。

不久，有个逃犯将彭越要造反的事情告诉高祖。彭越对国家有功劳，高祖不忍心杀他，只除去他的封号，将他放逐到四川。

彭越知道这一去永远不会再回来，一路上无精打采。到了半路，迎面来了大队官兵，原来是吕后要回长安。彭越见了吕后，痛哭流涕大喊冤枉，请吕后向皇帝求情，让他回家乡养老。

吕后满口答应，但是她心里另有打算，于是将彭越带回长安。

高祖困惑地问：“你怎么将彭越带回来了?”

“彭越是个勇猛的大将啊!”

“所以我不忍心杀他，才将他放逐到四川呀!”

“陛下知道他已经靠不住了，还放他到四川，那不是放虎归山，自留后患吗?”

“对呀!幸亏你将他带回来。”

吕后得意地冷笑了几声，说：“那就由陛下决定该怎么做吧!”

韩信死后两个月，高祖又杀掉梁王彭越，还将他的头颅挂在街上，谁敢收他的尸体就杀谁。

梁国有个叫乐布的人，有事前往齐国，事后路过京城，看到街上挂着彭越的头颅，便扑倒在地上，悲伤地大哭。官兵将他抓起来送去见高祖。

“陛下，让我说句话再处置我吧！”

“你有什么话要说？”高祖挥手止住行刑的人。

“当年陛下被困在彭城，在荥（xíng）阳大败，后来是什么原因，使得项王不能西进呢？”

“靠梁王的配合呀！”高祖的声音很低。

“当时梁王彭越如果跟项王合作，汉军势必失败。”

高祖瞪了乐布一眼。

“彭城之战如果没有梁王跟汉军合作，汉军就不会成功，垓下一战，如果没有梁王助战，项王不可能会失败。如此，陛下能有今天吗？”

高祖的脸刷地通红，眼睛睁得更大更圆，嘴唇微微颤动着。

乐布挺一挺身，两眼直视高祖。

高祖心虚地撇过头，冷不防看见大鼎中沸腾的热水，在缥缈的雾气中，仿佛看到彭越血淋淋的头颅在晃动。

乐布咽了咽口水，又说：“梁王因为立功而受封，陛下却因为他有病不出征，就要怀疑他、杀他，其他的功臣看了，能不寒心吗？”

乐布含着满眼的泪水，继续说：“梁王死了，我活着不如死去的好，陛下要烹要煮就随意吧！”

乐布说完，站直身子，闭上眼睛等着被处死。

高祖觉得乐布很有骨气，不但没有烹煮他，反而免去他的罪，封他为都尉。

梁王死后，高祖让自己的儿子刘恢当梁王。

汉高祖刚当上皇帝时，跟韩信同时封王的除了彭越，还有淮南王英布。这三个开国大功臣中，韩信、彭越已经被杀，剩下的英布整天坐立不安，心想就要轮到自己了。

有一天，英布出外打猎，突然来了一匹快马。英布仔细一看，原来是皇帝派人捧着一些食品要赏给他。打开一看，竟然是用彭越的肉做成的肉酱。英布看了脸色大变，吓得浑身发抖。心想，他跟韩信的关系那么好，恐怕也保不住了。于是展开秘密活动，偷偷布局准备造反。

这时，因为英布的妻子生了病，常常到对门的贲(bēn)赫家看病。英布怀疑他的妻子不贞，一生气就要杀贲赫。贲赫逃到长安，将英布要造反的消息告诉高祖。高祖立即召开紧急会议，讨论如何对付英布。大家都主张出兵去讨伐，但是英布勇猛善战，不一定打得过他。

夏侯英说："臣有个朋友薛公，足智多谋，不妨请他来商量对策。"

高祖派人召薛公来，问他道："如果要攻打英布，你能提出什么好方法吗?"

"英布造反是意料中的事，这没有什么好惊奇的。他现在可能有三条计可行。"薛公回答。

"有哪三条计策?"

"英布如果用上计，往东边占领吴楚，往北进兵攻占齐鲁和燕赵等地，这样汉家的天下就危险了。如果用中计，东取吴楚，夺取中原，吞并韩赵重地，再据有敖仓富庶之地，坚守成皋要地，这样一来，谁胜谁败就很难说。如果用下计，往东占领吴地，往西占领蔡地，往后退守长沙，陛下就可以安枕无忧了。”

“那你想英布会用哪一计呢？”

“他必定用下计。”薛公毫不犹豫地说。

“你怎么猜得出他用下计？”高祖怀疑地问。

薛公不慌不忙地将他的看法分析给高祖听。

“英布原本是逃犯，也是个不识字的大老粗，做任何事都不动脑筋。我看他当了王之后，什么事只管眼前就好了，所以臣认为他没有什么深谋远虑。”

后来果然不出薛公所料，英布用的是下计。他出兵攻打吴，再攻楚。楚王刘交大败，英布乘胜往西追赶。

高祖从楚汉相争到当了皇帝，伐匈奴，杀彭越，一直都没有休息过。到英布造反时，他已经累得受不了了，而且年纪已大，身体又有病，在多方考虑下，有意让太子刘盈出兵打英布。

吕后听说要让太子去打仗，担心他会败在英布手下，性命不保，便一把鼻涕一把泪地向高祖哭诉。

“英布是个凶悍的猛将，非常会打仗。现在的将士都是陛下的老干部，太子哪里指挥得动？万一被英布打败，后果就不堪设想。陛下身体虽然不太好，只要能发号施令，谁敢不听呢？”

“说得也是。我看这孩子也靠不住，还是我自己去吧！”

高祖只好卖老命，带领将士东征。

张良听说高祖要出征，特地抱病跑来。

张良再三提醒高祖，说：“微臣身体有病，不能跟陛下一起去。楚地的人特别蛮横，万万要小心，不能轻敌!”

张良又劝高祖，最好先封太子为将军，好让他指挥关中的军队。

高祖接受张良的建议，把朝中的事安排妥当后，才带领大军东征。

两军相遇时，高祖站在城楼上，看见英布的大军士气高昂。

英布纵马朝着高祖奔驰过来。

高祖在城楼上喊着：“我待你不薄，你为什么要造反?”

“我也想当皇帝啊!”英布老实不客气地说。

高祖出兵迎战，英布败退。高祖在后面追击，英布带着仅剩的四百多士兵逃到长沙，最后被杀。

汉高祖平定英布的叛乱后，随即立侄子刘濞当吴王，立皇子刘长为淮南王。

眼看立国的功臣，不是犯罪被杀，就是叛乱逃走，这时候，诸王中只有长沙王吴芮(ruì)和燕王卢绾(wǎn)不姓刘，其他都是刘家的人了。

后来卢绾投靠匈奴，高祖派大将周勃和樊哙去讨伐，封皇子刘建为燕王。到这时候，所有的王中，除长沙王吴芮外，都姓刘了。

高祖召集最亲信的大臣，立下誓言：“从今天起，不姓刘的不能封王，没有功劳的人不能封侯，谁违背这个约定就讨伐谁。”

高祖总算放下心来。趁着回京城时，顺路回到久别的故乡沛县。沛县的人民兴奋地杀猪宰羊，庆贺高祖返乡。

高祖探望故乡的亲友，跟他们饮酒作乐。这些年来，高祖从来没有这么高兴过，当他喝得微醉的时候，兴致大发地敲着乐器，唱起歌。

大风起兮云飞扬，
威加海内兮归故乡，
安得猛士兮守四方。

歌声很凄凉、悲伤，许多小孩子跟着一遍又一遍地唱，很多人都伤心地哭了起来。高祖的感触更多，边唱边回想过去，从一个小小的地方官，起义灭秦，打败项羽，统一天下，这段经历多么辉煌又多么艰辛啊！他却压制不住满怀的心酸，泪流不止。

他感慨万千地跟乡亲们说："有句话说：'游子悲故乡'，我当了皇帝，仍不免有死去的一天，死了之后，我的灵魂还是要回到故乡来。"

离别的时候，大家都舍不得让高祖走。全县的人送了一程又一程，高祖也被乡亲的热情感动了，最后才依依不舍地告别了故乡。

高祖辛苦了一生，光荣地回到故乡，应该感到高兴才对，不知道为什么他却感到空虚、悲伤。这次在出发前，身体就不舒服，战争中又受了箭伤；回到故乡，又感到人生苦短，自己已经老迈。他一路恍恍惚惚的，回到长安就病倒了。

高祖病了，长乐宫笼罩在愁云惨雾下。高祖知道自己大限已到，却又怕死。树上一片叶子轻轻飘落，他也会惊醒；窗外一声鸟叫，他也会吓出一身冷汗。空洞无神的双眼，一会儿张开，一会儿闭上。一代开国皇帝就这样躺在病床上，挨过一分一秒，等待生命的结束。

吕后请来最好的医生，高祖张开眼看了一下，挥挥手让医生走开，用低沉衰弱的声音说：“我从一个小老百姓，靠着一把剑取得天下，但现在我已经没有希望了，这是命啊！”

高祖拒绝了医生的治疗，吕后跪在床前，想知道他有何交代。

“现在萧何老了，万一……陛下不幸，谁可以代替他呢？”

“曹……曹参。”

“还有谁呢？”

“王……王……陵，”高祖强打起精神说，“王陵……有点笨，但是……性情……刚直，陈平……可以……帮助他。”

高祖说到这里，已经上气不接下气，停了好久才说：“陈平，他……不能担当大任，周勃稳重，将来……保护……刘……刘家天下的，只有周勃了。”

吕后还要问，高祖紧紧闭上眼睛，又断断续续地说：“以后……以后……的事……我……就不知道了……”

高祖就这样离开了人间。

那年是公元前一九五年。

第二章

吕后乱政

◎谁当太子？

◎戚夫人的命运

◎最有权力的女人

谁当太子?

未央宫的曲廊里，闪过一个粗壮高大的背影，一眨眼像幽灵般消失不见了。

那个幽灵似的背影正是吕后。她个性好强，像个男人婆，走起路来旋风似的。高祖病危的时候，她最烦心的是谁当太子。

吕后是高祖的原配夫人，嫁给高祖的时候，她还是个穷苦的村姑。结婚后生下两个孩子，一个是孝惠太子，一个是鲁元公主。

高祖当了皇帝后，有好多的妃妾，他最喜爱的是戚夫人。戚夫人很美，很体贴皇帝，有了戚夫人后，高祖就渐渐疏远吕后了。

戚夫人生了一个白白胖胖的小男孩，既聪明又活泼，高祖给他取名叫“如意”。

吕后失去皇帝的宠爱，戚夫人又有了如意，她成天担心将来连自己儿子的太子地位也会被如意抢走。每次看到高祖在宫中逗如意玩，她就不由得心中冒火。

皇帝只要有空，总会和戚夫人母子在一起。

高祖常常跟戚夫人说：“这个孩子真像我，小家伙好讨人喜欢啊！”

戚夫人当然希望自己将来在宫中的地位能稳固，一有机会便讨好高祖，要求高祖让如意当太子。

“如意有哪点像陛下呢?”戚夫人笑眯眯地问高祖。

“都像，鼻子、眼睛……哈哈哈……”高祖很满意地说。

“陛下，还有呢?”戚夫人依偎在高祖怀里撒娇。

“如意虽然还小，可是很有男子气概。”

“孝惠太子还不是一样！陛下说的不是真心话。”戚夫人故意这样逗皇帝。

“不！孝惠太子没有男子气概，怎么能跟如意比。”

“那就立如意当太子好了。”戚夫人顺水推舟地建议。

高祖虽然当时没有决定让如意当太子，心里却一直觉得如意比孝惠好。由于戚夫人不断请求，高祖便决定立如意为太子。

宫中传出要以如意取代孝惠的太子身份，大臣们都提出反对的意见，甚至有人用死表示抗议。可是高祖太喜欢如意了，因此仍然决定立如意为太子。

大臣中跟皇帝争论最激烈的是周昌。

“微臣坚决反对。”

“你有什么反对的理由?”高祖生气地挑起眉毛，满脸不悦地问。

周昌一向说话结结巴巴，眼看高祖暴跳如雷，心里一急，口吃得更厉害。

“臣……不太会……讲话，臣……认为……”周昌说。

“不要吞吞吐吐的，有话快说。”

高祖忘了他说话口吃，对他说话的速度感到不耐烦。这下周昌心里更急，满脸通红地说：“臣……认为期……期……不可，陛下如果这样做……臣……不能奉命!”

高祖听周昌结结巴巴，“期……期……”个不停，忍不住大声笑了出来，因此废太子孝惠的事就暂时不再提。

当大家在朝廷内争论的时候，吕后一直在朝廷外等候消息，知道因周昌反对而没有废太子，吕后的心才像大石头落了地般大大地松了一口气。

周昌从朝廷上退出来，涨红的脸色仍然没有褪去，他摇摇晃晃走下台阶，到了转角处，吕后突然从旁边闪了出来，追上周昌，跪在地上向他磕头。

周昌吓得连连后退。

“这……这……”

“要不是你反对皇上，太子孝惠一定被废了，我真是感谢你啊！”

周昌这才了解吕后向他磕头的原因。

“我……我……这样做……是为公，不是……为私呀！”他急急地解释后，就向吕后行了礼，然后匆匆而去。

性情耿直的周昌虽然当面顶撞了皇帝，高祖不但不怪罪他，反而更信任他。

高祖为了平息这件事，只好不再坚持废太子，而改封如意为赵王。当时如意只有十岁，高祖知道自己年纪已大，身体没有以前健康，恐怕无法一直保护他，便派周昌为赵相，辅助如意。

吕后早就看透了高祖的心意，她知道孝惠太子的地位并不稳定，随时都有被如意抢走的可能，因此整日闷闷不乐。

有人对吕后说：“您何不找张良想想办法。”

吕后知道高祖非常听张良的话，马上请他哥哥吕释之去拜访张良。

吕释之说："你是陛下的参谋，现在陛下要废孝惠太子，改立如意，你为什么不劝劝呢?"

张良看看吕释之，苦笑着说："陛下会听我的话吗?"

"当然会。"

"错了！当年打天下的时候，皇上用得着我，当然听得进我的话；现在天下是皇上的了，你想皇上还会在意我的意见吗?"

"但是废太子是不对的呀!"

"立太子得由皇上决定，做臣子的怎么能干涉这种事呢?"

张良一直不肯出主意，最后禁不起吕释之再三请求，便说："皇帝喜欢如意，光讲道理恐怕没有用，唯一的办法，就是让陛下知道孝惠太子的长处。"

"要怎么做呢?"

"皇帝很喜欢有才干的人，只要得知谁有特殊才华，就会设法招纳；但是有四位大贤人他始终没法延请，时常引以为憾。"张良说。

"哪四位大贤人?"

"就是商山四皓（hào，白头，借指老年人）。"

商山四皓当过太子孝惠的老师。这四位隐士都已八十多岁，白头发，白眉毛，牙齿也脱落了，秦朝时，曾一起到商山隐居，人称"商山四皓"。

孝惠太子为人宽厚，非常尊重这四位老人。英布造反时，本来高祖要太子带兵去讨伐，吕后从中阻止，当时他就是听了四位老人的话。

吕释之听说商山四皓出来就可解决问题，大大松了一口气，因为他们都是太子的老师，要他们出来应该不至于太难。

高祖讨伐英布时受的箭伤，不时发作，且一次比一次严重，他知道自己已活不了多久了，心里一直念着如意，不忘要立他为太子。

一天，高祖箭伤又痛了起来，他心里很烦闷，谁也不见，独自靠在床上，呆呆地看着窗外，脑子里浮现过去跟如意一起嬉戏的画面。眼前仿佛看到一个又蹦又跳的孩子，在花园中玩耍，也仿佛听到那充满稚气的笑声。想到这里，他脸色露出一抹慈祥的微笑。

好汉难敌病痛折磨，英雄也抛不开儿女私情，高祖难过地哭了起来，哭得非常伤心。

戚夫人连忙过来安慰高祖，替他擦干眼泪。其实戚夫人更伤心，整天担心孩子，哭得像泪人儿一样。

高祖想下床站起来，但一阵阵的伤痛让他又坐了下去，好一会儿后才平静下来。

高祖即将离开人世，很多事情放心不下。如意是他的骨肉，孝惠也是他的儿子。这时，他突然好想念孝惠太子，便召孝惠入宫。

太子向父亲行过礼。高祖发现太子后面跟了四位白发苍苍的老人，相貌有点眼熟，但想不起来在哪里见过。

“这四位老人是……”高祖问。

四位老人急忙向前行礼。

“臣四位是唐宣、崔广、周术和绮里季。”

高祖大吃一惊，连忙撑起软弱无力的身子，说：“免礼！免礼！”

高祖让四位隐士坐下，好奇地问他们：“朕早听说你们的大名，可是长久以来，你们却一直躲着朕，为什么呢？”

四位隐士齐声回答：“听说陛下瞧不起读书人，所以才躲在山里。”

“可是，你们为什么肯跟着我的儿子呢？”高祖眉头一皱。

“太子仁慈、恭敬、懂得尊重人，不仅我们愿意跟随太子，很多人都愿意跟着太子。”

高祖听了感到很惭愧，不禁叹口气说：“好吧！那就请四位好好保护、辅佐太子。”

太子谢过父亲，带着四位隐士离去。

太子和四位老人走远了，高祖回头看看身边的戚夫人，悲伤地说：“大家都这样喜欢太子，四位隐士又这样贤能，肯帮助太子，朕想……立如意的事就算了吧！”

戚夫人听了，眼泪簌簌地往下流，悲伤地哭倒在高祖的怀中。她知道高祖的病势严重，随时都会离她而去，高祖一死，她和如意一定会遭到吕后的报复。

戚夫人的命运

汉高祖临死前跟大臣们约定过，不姓刘的不能封王。齐、楚、代、吴、赵、梁、淮阳、淮南八国的国王都姓刘，楚王刘交是高祖的弟弟，吴王濞是他的侄子，其他都是高祖的亲生儿子；这样安排他应该安心了。眼前唯一让他放不下的，要算是他最宠爱的戚夫人和如意了。

戚夫人整天守在高祖的身边，她知道高祖就要和她永远分别了。果然，三个月后，高祖因箭伤流血不止，在长乐宫去世了。

高祖去世后，孝惠太子刘盈当了皇帝，也就是汉惠帝。当刘盈十七岁时，尊他母亲为皇太后。儿子当了皇帝，吕后当然比谁都高兴，她第一件事，便是向戚夫人报仇。

吕太后的性情本来就很残忍，杀韩信和彭越，背后多半是她的主意。她恨戚夫人，恨戚夫人的儿子如意。高祖一死，她马上逮捕戚夫人，脱掉她身上华丽的衣服，剃光她的头发，让她穿上囚犯的衣服，将她关在深宫里，每天逼她做洗马桶、舂（chōng，把东西放在石臼或乳钵里用杵撞击，使去皮壳或捣碎）米等粗活，想尽办法折磨她。

高高的宫墙关住了戚夫人的身体，她一面流泪，一面唱着悲伤的歌。

子为王，
母为虏，
终日舂薄暮，
常与死为伍。
相离三千里，
当使谁告女？

想不到这首歌谣竟传到吕后耳里。吕太后听了，发出令人毛骨悚然的笑声，脸色阴沉地说：“死到临头，还妄想靠儿子翻身？”

吕太后决定斩草除根，杀掉戚夫人跟她的儿子如意。她派人向周昌要求带走如意，周昌受高祖的托付照顾如意，忠心耿耿的他哪肯让吕后将如意带走。吕太后三次派人去，周昌都不肯答应。

他对吕太后派来的人说：“皇帝临终前交代我：‘如意年纪小，要好好照顾他。’我知道皇太后憎恨戚夫人，想要害死如意和他母亲。我受皇帝的托付，绝对不能让如意回去。再说，他也正生病。”

吕太后没法子召回如意，心里非常生气，索性下令周昌回京。周昌不敢抗命，只好离开赵国回到长安。

现在没有人保护赵王如意了，吕太后再派人召如意回京。如意只有十岁，哪里懂什么事，便跟着使者回到长安。

汉惠帝刘盈性情敦厚，向来关心同父异母的弟弟，听说他回长安，担心他一旦落入太后手中，命将不保，便抢先在半路将他接走。

为了保护如意的安全，惠帝将弟弟带到宫中，吃住都在一起，一刻也不离开。

一天早晨，惠帝要去打猎，看如意还在睡觉，外边也很冷，因此没叫醒他。惠帝走后，立刻有人去禀报吕太后。这是个难得的机会，吕太后拿药酒让如意喝下，惠帝打猎回来，如意已经死了。他知道这一定是太后所为，心中非常悲愤，却又无法治母亲罪，只好隐忍伤痛。

赵王如意死了，吕太后还不甘心，她未消的怒气转而向戚夫人发泄。她下令砍断戚夫人的四肢，挖去她的眼睛，弄聋她的耳朵，再灌进毒药将她毒哑；用尽各种残忍的方法，教她活不了也死不掉，最后还将她扔到厕所的粪坑里。吕太后给这种酷刑起个名，叫“人彘（zhì，义为猪）”。

吕太后请惠帝去看“人彘”。只见粪坑中有一块血肉在滚动着，惠帝看了觉得恶心，但认不出那是戚夫人。后来听人说那是如意的母亲时，他不禁浑身颤抖，结结实实生了一场大病。

病愈，他派人告诉吕太后：“皇太后做出这种伤天害理的事，实在太无人性，儿子哪有资格治理天下呢？”

从此，惠帝变得很消极，不愿再管政事，整天吃喝玩乐，过着荒唐的日子。六年后（公元前一八八年），惠帝在寒风瑟瑟、落叶满天飞舞的秋天，忧伤地去世了。当年他只有二十四岁。

吕太后当着大家的面装腔作势地号啕大哭，一滴泪也没有流，丝毫看不出伤心的样子。

张良十五岁的儿子张辟强看见吕太后装哭的样子很好笑，就问左丞相陈平：“太后唯一的儿子死了，为什么她一滴眼泪都没有？”

“她不是哭得很伤心吗？”陈平说。

“那是假装的。”

“你怎么知道？”陈平嫌小孩子多嘴，有点不高兴地说。

“真的呀！不信你问问别人。”

陈平早就看到了，只是怕惹恼吕太后，才不愿意多说话。

张辟强又说：“那是她担心以后的事啊！惠帝没有孩子，太后怕大臣干涉朝政掌握大权，她就会失去权力，我想她心里正在盘算要怎么对付你们，哪儿还有时间哭呢？”

陈平听到这样的话，不觉浑身打了个冷颤，惊讶地看了张辟强一眼。

“你为什么会有这种想法？”

“看得出来嘛！”张辟强一脸正经地说，“我想丞相得先做些对太后有利的事。”

“什么是有利的事？”

“同意让吕家的人担任重要的官职。只要太后不担心别人争权，就不会恨你了。”

陈平点点头，佩服地看着这个才十五岁的少年。

果然吕太后向陈平表示，有意让她的兄弟吕产、吕禄担任重要官职，陈平完全同意。吕后知道没有人跟她作对，这才放心，想到唯一儿子死去，脸上忍不住挂下几滴泪水。

一个月后，安葬了惠帝，接着举行新皇帝刘恭的登基典礼。

汉惠帝没有儿子，吕太后偷偷从后宫找了一名宫女生的孩子冒充惠帝的儿子。她怕泄漏机密，也把那名宫女杀了。

小皇帝刘恭年纪还小，大权都掌握在吕太后手中，吕太后担心人们诟病专权，只封吕姓的族人为王，便召开会议，讨论封侯封王的事情。她知道陈平不会反对，便去问右丞相王陵。

王陵是跟高祖打天下的功臣，性情直爽，听了吕太后的提议，激动地说：“高祖有约在先，不能封不是姓刘的人为王。”

“你说什么？”吕太后瞪着王陵问。

“高祖和大家约定过：‘不是姓刘的人不能封王，没有功劳的人不能封侯。’既然高祖这样约定，就该共同遵守，因此臣不同意。”

吕太后脸色很难看，转头又问左丞相陈平和太尉周勃。他们也是跟高祖一起打天下的功臣，这会儿却异口同声回答：“高祖统一天下时，封刘氏的族人为王；现在太后掌管国事，当然也有权封吕氏族人为王，这没有什么不对。”

吕太后听了感到很宽慰，脸上立刻露出笑容，高高兴兴地宣布退朝。

王陵气冲冲地找陈平和周勃理论，高声责备他们。

“高祖明明跟我们约定过了，不是姓刘的人不能封王，难道你们都忘了吗？”

“没有忘啊！”

“那你们为什么要迎合太后的旨意？”

陈平和周勃看着王陵，默不吭声。

王陵紧紧拉着陈平的衣袖，激动地流着眼泪，哽咽地问：“说呀！你们对得起高祖吗？”

陈平心平气和地拍拍王陵的背，却被王陵用力推开。

片刻，周勃才说：“你说得很对。”

“既然我说得对，你们为什么还要同意呢？”

“你要仔细想想，现在是太后当权，如果反抗太后，必定招致杀身之祸……”

王陵不等陈平说下去，就吼着：“我不怕死！”

“静一静，”陈平仍然很从容，“如果我们反对她，连高祖的族人也要遭殃，这样你还能保护高祖建立的大汉吗？还能保护高祖的王室吗?”

“我们没有忘记和高祖的约定,我们是要作长远的打算呀!”周勃在一旁劝说。

王陵听完陈平和周勃的话,满腔怒火才渐渐平息。

上朝时,王陵当面反对吕氏族人封王,吕太后一直怀恨在心,当然不会饶过他,便以皇帝年纪太小,需要王陵从旁协助的理由,除去王陵原来的右丞相职位。王陵心里明白,吕太后要报复他,便推说有病,辞掉丞相的职位。

最有权力的女人

王陵走了之后,吕太后让陈平当右丞相,让她最亲信的人审食其(shěnyìjī)当左丞相。

审食其是汉高祖的同乡。当年高祖和项羽作战时,吕太后和高祖的父亲被项羽俘虏,审食其一直保护她,所以很得她信任。传说他俩的关系亲密,除了高祖,所有人都知道。

审食其当了左丞相,朝中的大事小事都要先问他的意见。吕太后这时候要做什么事,都没有人敢管了,她成了汉朝最有权力的女人。

小皇帝刘恭渐渐长大了,知道他并不是惠帝的儿子,而且他亲生的母亲是被吕太后杀死的,忍不住在背地里咒骂。

“好狠毒的女人!害死我的母亲,还骗我说是皇帝的儿子。等我长大，一定要替母亲报仇。”

宫中上上下下都是吕后的亲信，小皇帝的话当然很快传到吕太后那里。她知道刘恭迟早有一天会对她造成威胁，立刻囚禁小皇帝，并对外宣称皇帝生病了，不能上朝。

“皇帝得了难治的病，国家不能不按时祭祀宗庙，更不能没有人治理国事。为了百姓安居乐业，我看非得换人不可。”

这时吕太后的权力为天下之最，谁敢不听？所有的人都跪下来，齐声说：“太后关心老百姓，这是人民的福气；按时间祭拜宗庙，是应有的孝道，臣等完全听从太后的旨意。”

吕太后杀了小皇帝，又立据说是惠帝和妃子生的孩子刘弘为皇帝。当然，所有的权力还是都操控在吕后手中。谁要是违背她的意思，都得不到好下场。

吕太后一面抓权，一面又表示她很开明，做事很公正。杀掉赵王如意，就把赵王的位子让给淮阳王刘友；为了培植自己的力量，她还强迫刘友娶吕家的女孩。

赵王刘友早有心上人，所以对吕家的女孩非常冷淡。那女孩一气之下跑到长安向太后告状。

“赵王说：‘吕家的人怎么配称王，等太后老了，我一定把吕家的人杀光。’”

吕太后听了大为恼怒，立刻派人将赵王刘友押到长安关入牢中，严密加强看守，不给吃不给喝。谁要偷偷资助他，就要受严厉的处罚。

赵王刘友在牢中吃了很多苦头，但是他不畏惧，还在狱中作了一首歌批评太后专权。

诸吕用事兮刘氏危，

迫胁王侯兮强授我妃。

我妃既妒兮诬我以恶，

谗女乱国兮上曾不寤（wù，同“悟”，醒悟）。

我无忠臣兮何故弃国？

自决中野兮苍天举直！

于嗟不可悔兮宁蚤（通“早”）自财（通“裁”）。

为王而饿死兮谁者怜之？

吕氏绝理兮托天报仇！

没多久，赵王刘友活活饿死在狱中，吕太后没有为他举行仪式，草草地将他埋在荒郊野外。

吕太后让梁王刘恢当赵王，刘恢是高祖的妃子所生的孩子。

当上赵王，对刘恢来说并不是一件好事。吕太后为了要控制赵王的行动，不管赵王已经有了妻子，又强迫他娶吕产的女儿。吕太后怕他不答应，派人毒死刘恢的妻子；赵王刘恢一气之下也自杀了。

“为一个女人而死，太不值得了！没出息透了。”吕太后骂赵王死得活该，立刻派吕禄当赵王。

阴狠的吕太后，在高祖死后不到七年的时间里，便把汉高祖的后代如意、刘友、刘恢都一一杀害。这时满朝大臣中，吕家的人有四人当王，六人封侯，吕产为太傅（西汉始置，为辅弼君王的重要大臣），吕禄为上将军，朝廷几乎全是吕家的天下。而高祖的后代，被杀了一个又一个。

吕太后做的坏事太多了，时时又不忘讨好刘家的人，以掩饰内心的不安。她封高祖的堂兄刘泽为琅邪王，封刘襄为齐王。齐王的弟弟刘章长得很英俊，才二十多岁，吕太后召他入宫，强迫他娶吕禄的女儿，并且封他为朱虚侯。

但是朱虚侯刘章很讨厌吕太后，只是表面上应付她。有一天，吕太后跟亲友聚会饮酒作乐，因为她很喜欢刘章，就请他当“监酒”，凡是不喝罚酒就逃走的人都要受罚。吕太后让刘章监酒其实只是好玩，酒喝到一半，刘章想拔剑起舞，唱歌助兴。

“我唱一首耕田歌给大家听好不好?”刘章说。

“你爸爸还懂得种田，你哪里懂得种田的事?”吕太后笑着说。

“我当然懂呀!”

“好吧!那你就唱给我听听。”

深耕穊（jì，稠密）种，
立苗欲疏；
非其种者，
锄而去之!

这首歌的意思，很明显在骂吕太后不该夺去刘家的天下。吕太后听了闷不吭声。这时候有人怕罚酒，偷偷地溜了，刘章毫不客气地追出去，一剑将他的头砍下。

吕太后看见刘章匆忙出去，又双手捧着一颗血淋淋的人头回来，不禁打了个冷颤。

“有人逃酒，我依照太后的命令将他砍了。”刘章捧着人头说。

“你怎么真的砍呀?”

“太后开席前说过的呀!”

人已经杀了，吕太后也不好再说什么，只是无奈地摇摇头。一场热热闹闹的场面，弄得不欢而散。吕家的人从此以后，没有不怕刘章的。

吕太后独断专政，朝中的大臣最感到痛苦的是右丞相陈平。他眼看吕太后胡作非为，却想不出一点办法阻止，又担心反抗会丢性命，情绪一直很低落。

一天，陈平在家里独自闷闷不乐，仆人来报告，说有位叫陆贾的人来拜访。陈平一听，高兴得跳了起来，急忙请他进来。

陆贾口才很好，做事有计划，高祖很喜欢他。后来他看不惯吕太后专权，便请求回乡养老。他跟陈平的感情很好，两人好久没见面，特地来长安探望。

陈平虽然高兴地欢迎老朋友，却掩不住脸上的愁容。

两人聊了一会儿后，陆贾关心地问："你为什么愁眉苦脸呢?"

陈平叹了一口气，脸色写满了无奈，他苦笑着说："我们是老朋友了，难道你还不知道我的心事吗?"

"你是在为太后的事发愁?"

陈平点点头，问："你看该怎么办?"

"你一个人愁没什么用，俗话说得好：'天下安定的时候要看丞相，天下危险的时候要看大将。'今天一切大权都在你和太尉的手中，为什么不跟周勃谈谈呢?"

"你是说找太尉周勃合作?"

"是呀！依现在的情形，除了太尉外，谁有这种能力?"

陈平面有难色，好像有什么难言之隐。"可是……可是我……”

陆贾突然哈哈大笑：“老兄的心事我知道，你跟周勃意见不合。”

“这个……”

陆贾拍拍胸脯：“放心，这事就包在我身上。”

周勃和陈平过去有些闹意见，陆贾决定从中说和。周勃生日那天，他让陈平送了一份很贵重的贺礼，从此两个人的关系和好了，便开始一同商讨消灭吕太后的计划。

吕太后当权的第八年（公元前一八〇年）春天，按照皇帝的礼节，吕太后带着文武百官到长安郊外举行盛大的祭典。回城的路上，突然有一只狗扑向吕太后，咬了她的手臂一口，转身就跑了。

回宫后，吕太后的手臂越来越痛，从此感到心神不宁。算命的人说，那是赵王如意替他母亲戚夫人来报仇的。

吕太后听算命的这样一说，更是寝食难安，伤口也更痛了。每天一合眼，就看到赵王如意和戚夫人向她索命，弄得她心惊胆战。吕太后知道自己快要死了，就将她的兄弟吕禄和吕产叫到面前。

“高祖曾经跟功臣约定：要消减非刘姓而封王的人，现在我们吕家人很多都当了王、封了侯，大臣们表面上恭顺，心里其实并不服。一旦我死了，他们一定会报复的。”吕太后告诫他们。

吕禄、吕产完全靠吕太后撑腰，听吕太后这样一说，顿时六神无主。

“不过你们也别急，我先封你们一个管北军，一个管南军；只要掌握着兵权，就可防备他们叛变。”

“知道了！”吕产说。

“千万要记住，我死了以后我的葬礼不要铺张，免得让那些大臣乘机闹事。”

“放心好了，我们一定照太后的话去办。”吕禄、吕产同声说。

吕太后力气渐渐衰竭，声音越来越小，最后她闭上眼没再张开了。

公元前一八〇年的七月，吕太后死了。

吕太后一死，吕禄、吕产听从太后的吩咐，葬礼非常简单。可是朱虚侯刘章的妻子，也就是吕禄的女儿，无意间泄露了吕禄、吕产要对付刘家人的事。

刘章积极联合刘姓的族人，宣布吕氏的罪状。吕产和吕禄虽然有军权，却不懂得计划，过去靠吕太后出主意，现在到了紧要关头，都不知如何是好。

周勃和陈平知道吕禄有个很要好的朋友郦寄，便请他去劝吕禄，让他交出将印，把兵权托给太尉，大家共享荣华。

吕禄也知道情势对他不利，加上听说卸下兵权可以保住吕家王位，又可以享受贵族的生活，立刻交出印绶。

太尉周勃有了北军的印绶，于是对北军说：“大家听着，愿意为吕氏效命的，露出右臂来；愿意效忠刘氏的，露出左臂来。”

周勃说完了，所有的将士都卷起袖子，伸出了左臂。周勃不费一兵一卒，轻易地得到了吕禄北军的大权。

陈平知道朱虚侯刘章最痛恨吕太后，又勇猛善战，便派他突击未央宫。吕产在慌乱中出来迎战，但是将士们没有斗志，一遇到刘章，就四下逃散，后来，吕产被刘章杀死了。

南军和北军不需动手就自动瓦解了。吕氏的族人有些被捕，有些被杀。吕产、吕禄这一对失去靠山的人，也死了，吕太后一手建立的吕氏天下，前后十五年，就这样结束了。

吕太后死后，群臣认定小皇帝刘弘并不是惠帝的亲生儿子，应当废黜。那接下来要由谁来继承帝位呢?

朝中的大臣议论纷纷，最后公认代王刘恒是最适当的继承人。

刘恒是汉高祖最大的儿子，待人宽厚孝顺。他的母亲薄夫人从来不干涉朝中的事情，但是高祖并不喜欢她，连带着也不喜欢刘恒，将他封到很远的地方当代王。也多亏薄夫人跟儿子到遥远的北方，否则吕太后专权的时候，难免遭到横祸，也算是因祸得福。

刘恒在北方十七年，因为远离长安，没有牵涉到朝廷的权力斗争，生活过得相当平静。

周勃和陈平平定了吕氏的家族，派人到北方迎接刘恒回长安，登上帝位，代王刘恒询问大臣们的意见。

“太后死了，长安的情形一定很乱，最好先装病，看看情形再说。”张武说。

“不！太后专权十五年，人人都恨她入骨，不然周太尉不可能在那么短的时间里就将吕家的人消除掉，可见是得到很多人的支持。”大臣宋昌提出不同的看法。

“除了代王，还有别人可以继承帝位呀！”张武说。

“但是在高祖的后代中，代王年纪最大，我想朝中的大臣们一定是经过慎重的考虑才做出的决定。依我看没有什么好疑心的。”宋昌补充说。

大臣们有的反对，有的赞成，代王决定不下。他是个孝子，有事都和母亲商量。薄太后主张先派人到长安探听，再做决定。

探听回来的消息说，迎接代王刘恒的事是真的，于是代王刘恒带着张武和宋昌回京。人还没有到长安，迎接新皇帝的行列已蜿蜒（wānyán，弯弯曲曲地延伸的样子）到郊外了。朝中文武百官排列整齐，恭候刘恒。

代王刘恒当了新皇帝，就是汉文帝。汉代的政治在他的治理下，进入了一个太平盛世。

第三章 文景之治

◎爱人民的皇帝

◎贾谊和邓通

◎七国之乱

爱人民的皇帝

代王刘恒到达长安，于庄严隆重的典礼中，坐上皇帝的宝座，他就是汉代勤政爱民的汉文帝。

文帝从小在苦难中长大，懂得做人处事的道理，对母亲非常孝顺。他知道在吕太后专政十五年期间，留下很多问题，也知道当个好皇帝很不容易，一不小心就会出差错，所以有事情总要先跟母亲薄太后商量。

“今天朝中的情形怎么样？”薄太后看见文帝退朝回来，关心地问。

文帝向母亲行过礼，请母亲坐下后，说：“母后应当很清楚，十五年不是个短时间，当然有不少的问题。”

“做事可要当心，不要当了皇帝，就以为自己了不起。要让老百姓信任你、支持你，国家才能治理得好。”

“母后说得对。不过从高祖到现在，亲眼看到皇室为了争权，发生很多不幸的事，我觉得皇帝实在不好当。”

薄太后听到皇室争权、争宠的事，立刻想起往事，忍不住伤心地流下眼泪。

文帝知道母后想起被高祖打入冷宫的事。

“母后，过去的事不要再想了，”他安慰母亲说，“您别太难过，想想戚夫人的下场，我们母子算是万幸了，倘若没被下放，说不定也会遭吕太后的毒手。”

“好吧！过去的事就不谈了，现在你当了皇帝，要以历史为借鉴，做些有利人民的改革。”

“对，像那种‘族诛’的法令，该废除了。那是秦始皇压迫老百姓的方法，一人犯罪株连全家，太不合理了。”文帝顿了一下，又说，“十几年来，朝中大臣完全受吕太后钳制，不敢建言（提出建议），现在我想也该听听大家的意见。”

薄太后露出笑容，认为文帝的想法很对，于是问：“还有什么是皇儿想改革的？”

“这么多年来，天下一直没有安定过，最苦的是农民，应该多奖励人民生产。”

薄太后点点头，又加一句：“还要减轻人民的赋税。”

“母后说得很对，光奖励生产，却不减少赋税，农民还是不能够过好日子。”

文帝说做就做，很快下令废除残酷的“族诛”法，老百姓都非常高兴。消灭吕太后家族有功的人，文帝也分别给了封赏，其中周勃的功劳最大，赐给封地一万户和黄金五千斤。陈平年纪大了，请求皇帝将他的右丞相职位让给周勃，自己降级为左丞相。

周勃当上右丞相，自认为功劳大，开始骄傲起来。文帝看出来周勃的态度，却仍然敬重他。

郎中袁盎（àng）实在看不过去，向文帝报告：“消灭吕氏家族，是所有大臣将士们的功劳，周勃当大将军，军权在他的手里，调兵遣将就是他的责任，怎么能说是他一个人的功劳呢？”

文帝静静地听袁盎表达意见，不时点点头表示同意。

袁盎继续说："现在周勃当上了右丞相，态度变得很高傲，几乎可说目中无人，陛下还处处敬他、让他。像这样没有君臣上下之分，不是什么好现象。"

汉文帝听完袁盎的话，没有表示意见。过了几天，他趁着上朝时，询问大臣们所负责掌握的职务。

文帝问周勃："一年有多少人被判死罪呀？"

周勃没想到皇上会问这种问题，愣了半天，张口结舌答不出来。

"全国一年有多少税收啊？"

"臣……不知道。"周勃面红耳赤，全身冒冷汗。

文帝又问左丞相陈平同样的问题，陈平不慌不忙地说："陛下，这种事都有专人管，不归微臣管。"

"由谁管？"文帝问。

"判刑的事归管牢狱的人。粮谷有多少，归管粮食的人。"

"既然每件事都有人管，那你在做什么事？"文帝不满意地问。

陈平仍然很从容地说："主臣。"

"什么叫'主臣'？"

"当丞相的人，在朝廷中帮助国君治理天下，让四季风调雨顺，万物都长得好；在外帮助天子处理边境的诸侯，并且让文武百官好好做他们自己的工作，这就是'主臣'的道理。"

听了陈平的话，文帝笑了，认为他的话很有道理。

周勃难为情地呆站在一旁，退朝后，追着陈平说："这些事你既然知道，怎么不先告诉我，让我好没面子。"

"咦？你是右丞相，难道连你自己的职务是什么都不知道吗？"陈平带着开玩笑的口气说，"要是皇上问你，长安城里有多少小偷，你会知道吗？"

经过这件事之后，文帝对右丞相周勃的态度改变了。

周勃自己也知道，他的丞相位子快保不住了，有人私底下劝他："你现在官大权大，容易惹祸，早点儿找退路，还可能保得住你的福禄。"

周勃想想也对，不久就隐退到一个小县城去。他知道自己树敌众多，所以时时提防，不过还是有谣言传出，说他有二心，因此就以图谋造反罪被关进牢中。

这件事被薄太后知道了，她责备文帝说："你做事也不多想想，过去周勃掌握兵权，要造反还不容易吗？现在他只是一个小小的地方官，还能怎么造反？"

文帝知道自己处理得不对，立刻将周勃释放了。

汉代在文帝努力改革下，国家渐渐安定。他的改革行动，并不流于口号，而是以身作则。他提倡简朴的生活，自己和皇后穿的衣服也都用最普通的衣料做成，宫里的装饰不讲求华丽。有人建议在宫中建筑露台，供皇帝游乐，他考虑到会劳民伤财，也连忙阻止。

"我现在住得已经够舒服了，怎么能再增加人民的负担呢？"

文帝很注意小细节，他设法废除秦朝留下来的许多严刑峻法，譬如砍人手脚，或割掉鼻子的残酷"肉刑"。

那时候，有个著名的医生，叫淳于意，他的医术非常好，而且专替穷人治病。有钱有势的贵族不管给他多少钱，他都不肯替他们看病，因此得罪了很多人，结果被人陷害，送到长安受肉刑。

淳于意有五个女儿，没有儿子。当他快被送走时，五个女儿围住父亲痛哭。

淳于意很生气地说："你们这群女孩出了事只会哭，一点用也没有。我真是白养你们了。"

淳于意的小女儿叫缇萦（tíyíng），听了父亲的话，像被针刺到一样，顿时惊醒，决定进京去救父亲。

到了长安，缇萦上了一份陈情书给文帝，为她的父亲求情。

"我父亲当过太仓县的县令，公正廉洁，是很受人民敬爱的地方官。想不到受人诬告，要受肉刑的处罚。人死了不能再活过来，砍断手脚、割掉鼻子，不能恢复原来的样貌。受了这样的刑法，就算是曾经犯错的人想要改过自新也办不到，何况我父亲是冤枉的，怎能让他受这种罪？如果您真要判他刑，我情愿到宫中当侍女，顶替我父亲受罪。也请皇上给我父亲一个机会。"

缇萦上书感动了文帝。为了鼓励孝道，他赦免了她的父亲。文帝认为人民犯罪，当官的人应该找出背后的原因，并且加以解决，才不会让人民心生不安；所以不但马上赦免缇萦的父亲，还取消肉刑，并再派人调查还有哪些合适的法令需要改革。

从这个小故事，也可以看出汉文帝想要把国家治理好的决心，所以他称得上是中国历史上仁慈爱民的好皇帝。

贾谊和邓通

汉文帝最大的心愿，就是想把国家治理好。有个书生叫贾谊，是洛阳人，精通诗书，文帝非常喜欢他，便聘他为博士。当时他才二十岁，是所有博士中年纪最轻的一个，每次在朝中讨论事情，许多大臣讲不出道理的事，他都可以讲得头头是道，大家很钦佩他。不到一年，贾谊就升到太中大夫，成了足以影响文帝的人。

贾谊虽然很有学问，朝中老臣却不喜欢他，背地里都批评他，说他提出太多改革。

“这个洛阳年轻人，老爱逞能生事。”

文帝是个精明能干的人，纵使喜欢贾谊，也不希望贾谊把满廷大臣都惹恼，便派他到长沙，当长沙王的太傅。

贾谊带着满腹牢骚，不情不愿地离开长安。他走后，文帝很想念他，四年后，又召他回长安。

四年没见，文帝好像有很多话要跟他说。一天，皇帝刚到郊外祭祀回来，一时心血来潮，想听鬼神的故事，便跟贾谊谈天，让他讲鬼故事。

未央宫中原是灯火通明，皇帝为了增加神秘的气氛，君臣两个人躲在一间小屋子里，点上一盏油灯。贾谊凭着满肚子的学问，和添油加醋的本事，把故事说得活灵活现。越是恐怖的情节文帝越爱听，害怕的时候，就把席子挪到贾谊的身边，到了最后两个人竟紧张到靠在一起了。故事一直到天快亮才结束，文帝不但听得津津有味，而且更加欣赏贾谊的才华。

“四年不见，朕以为学问比你强，今天晚上才知道朕远不如你啊！”文帝称赞他。

贾谊博学多闻，常常向文帝提出很好的治国建议。他主张中央要集中权力，地方王侯的力量不要太大。要实行“推恩”的政策，将各地王国的土地分封给他们的子弟，这样诸侯的数目虽然增加，实际上等于削弱了他们的力量，才能避免地方力量大到朝廷管不住。

贾谊还主张要保护农民、管制商人，做生意的人不能穿华丽的服装，不能乘车，他们的子孙也不能当官。他更特别强调，要尊重有学识的人，对于强悍的匈奴，贾谊反对和亲，他认为那是国家的耻辱，应该用武力解决才好。

贾谊的意见，在当时确实非常好，因此文帝更加器重他。梁怀王刘揖是文帝最疼爱的儿子，文帝派贾谊去当他的太傅。后来刘揖不小心摔马而死。照顾梁怀王是贾谊的职责，梁怀王摔死是他的过错，他非常悲痛，一年后也忧伤而死。

在朝中，文帝除了喜欢贾谊，还喜欢一个叫邓通的人。贾谊有才华有理想，是个值得亲近的人；可是文帝喜欢邓通就显得有些迷信、荒唐了。

有一次，文帝在宫里睡觉时做了一个梦，梦见他像气球一样一直往天上飘，越飘越高。低头一看，哇！已经离地面好远。突然，他又像一块大石头，从空中往下坠。这时候，有个包着黄头巾的人，将文帝轻轻一推，于是文帝又开始往天上飘，飘来飘去非常有趣。低头一看，那个包着黄头巾的人，裤子后头有个大洞，文帝不觉哈哈大笑，结果从梦中笑醒了。

文帝回味这梦中的情形，越想越有趣，独自笑个不停。到了未央宫，文帝让许多漂亮的嫔妃陪着他到苍池看划船。

船夫都穿着黄色的衣服，头上包着黄头巾，一边划，一边嗨哟嗨哟地喊着，动作整齐划一，船像飞的一样快。

大家看得正高兴，文帝突然下令船停下来。大家都感到很奇怪。

"让船夫都上岸来。"

船夫排成一队，文帝一个个仔细看着他们。大家以为皇帝生气了，都吓得笔直站立着，一动也不敢动。文帝一一问他们的姓名，最后轮到一个叫邓通的人。

"你叫什么名字?"

"我……我叫邓通。"

"邓……通……"

文帝嘴里反复念着邓通的名字，同时让他出列，站到队伍外面，再从头到脚，仔细打量他。那个叫邓通的人以为自己死期到了，浑身不停地打哆嗦。

原来文帝听到邓通的名字，想到"邓"和"登"天的"登"字音很相近，而邓通的打扮又很像他梦中看到的那个包黄头巾的人；再看到邓通的裤子后头，有个很大的补丁，就毫不犹豫地呵呵笑了。

"真是天意!"

文帝把邓通留下来，给他赏钱，封他当侍臣，整天跟在他身边。

邓通只是个划船的船夫，想不到被皇帝看中。他虽然出身低贱，却很会看人脸色，把文帝服侍得很周到，不到三年，竟然当上了中大夫的官。

文帝到哪里邓通就跟到哪里。由于皇帝喜欢他，所以没人敢惹他，他的胆子也渐渐大了起来，不再把朝中的大臣放在眼里。

每次上朝时，邓通站在皇帝身边，总是一副吊儿郎当、什么都不在乎的样子。丞相申屠嘉看他很不顺眼，提醒文帝注意，可是文帝事后并不责备刘通。

申屠嘉认为这样太不像话，派人叫邓通来。邓通心里明白到了丞相府一定会吃苦头，便不肯去，哭着请文帝帮忙。

文帝说："你尽管去好了，朕马上派人去救你。"

邓通只好硬着头皮去见申屠嘉。

丞相呵斥他："你这个小小官儿，竟敢破坏朝廷规矩，来人啊，把他杀了！"

丞相手下的人立刻摘去邓通的官帽。邓通万万想不到丞相会对他这么凶，可是文帝不在身边，他只能磕头求饶。

丞相申屠嘉大声吼着："不行！你这个目无法纪的孽臣，今天非杀了你不可。"

邓通的手脚被紧紧捆绑，正要拉出去砍头时，文帝派人来求情。

申屠嘉狠狠瞪了邓通一眼："饶你这一次。下次如果敢再犯，皇帝求情也没有用！"

"是……多谢丞相饶命！"

邓通怕被砍头，前额早磕破了，血一滴一滴往下流，见到文帝就大哭起来。

文帝当然也要尊重丞相，不好多干涉，只好安慰他说：“好了，下次要多加小心啊！”

文帝很迷信，认定邓通是个大富大贵的人，请了算命师给他看相。

“陛下，邓大夫现在虽然荣华富贵，但是，但是……将来……”算命师话说一半，不敢接下去。

“说呀！”

“将来……命中注定会饿死。”

文帝不以为然地说：“朕不相信。他的贫穷富贵，都掌握在朕的手里，朕让他享尽荣华富贵，他怎么会饿死？”

邓通是四川人，文帝下令将四川的铜山给他，准许他开矿铸钱，认为这样邓通就不愁没钱花了。

那时候国家的法令规定，私人是不可以铸钱的。为了邓通，文帝竟破坏法令，让他私自铸钱。除了邓通，吴王濞也靠自己的势力，开采吴地的铜山铸钱，破坏国家的法令。贾谊曾上书劝告文帝，禁止私人铸钱，文帝就是不听。后来，文帝身上长了一个毒疮，流着黄黄的脓。邓通为了讨好皇帝，竟用嘴巴去吸脓，让文帝很感动。文帝想，就算是自己的儿子也不会为他做这种事吧！

文帝的疮又积满黄脓，疼痛难忍。正好太子刘启来探望文帝。

“帮我把脓吸掉吧！”

太子当然不好推辞，只好忍受那股臭味，替父吸脓。因为实在恶心，过了好几天还吃不下饭，从此太子对邓通就没好感。

文帝死后，太子刘启当了皇帝，就是汉景帝。他即位后，先把邓通免了职。可是邓通太不自爱，仍然想笼络皇帝好做官，景帝一气之下就把他关起来。这时候又有人密告邓通贪污，汉景帝便下令收回他的铜山，没收他所有的财产。等邓通出了牢狱，已经成了一名穷光蛋。

邓通没得吃，没得住，真像那算命先生所说，不久就活活饿死了。

七国之乱

北方的匈奴很强悍，而且行踪不定，忽东忽西，让汉军防不胜防。文帝十四年（公元前一六六年），匈奴大队人马南下，辽东和云中两郡受到匈奴的严重扰乱，情势非常紧急。

为了维护长安的安全，文帝除了派大军驻守边疆，又派三路大军在长安附近留守，严密防范敌人攻击。汉文帝到处去检阅军队，每到一处军营，守备的将军听说皇帝来了，都恭恭敬敬出来迎接。但是营中的人进进出出，看起来非常松散，一点军纪都没有。

一天，文帝到细柳营去检阅周亚夫的军营。远远望去，军营中旌旗飘扬，战士们手持刀戟，张弓搭箭，精神饱满，好像随时都在准备跟敌人打仗。随侍皇帝身边的臣子先到细柳营的大门，让守备军官打开营门。

“皇帝驾到，快将营门打开！”侍臣命令。

“不开！”

“皇帝驾到，为什么不开?”

军官有礼貌却严格地说：“我们防备敌人攻击，只听周将军的命令，不听天子的指挥。”

文帝听说不开营门，就拿出符节，证明是皇帝驾到，周亚夫这才下令将营门打开，迎接皇帝进营。

当皇帝的车子快进入军营中时，营里的战士立刻上前告诉车夫：“周将军规定，在军营中，车子要慢慢行驶。”

文帝的车子只好按照规定，缓缓在军营中前进，周亚夫全副武装，腰上挂着宝剑，雄赳赳地跨着大步出来迎接文帝。

“微臣身着军服，只能向陛下行军礼，请陛下原谅！”他恭敬地向皇帝作揖。

文帝微微弯腰答礼。周亚夫陪着文帝参观军营，只见处处戒备森严，不像其他的军营，防守很松懈。

文帝对随从说：“这才像大将军的样子！其他的军营简直在儿戏，没有一点作战的警觉性。我看，他们要是被敌人抓住了，可能连自己都还搞不清楚状况。”

回到宫中，文帝一直称赞周亚夫，不久就升他当车骑将军。

公元前一五七年，汉文帝生了病，将他的儿子刘启叫到身边，吩咐说：“周亚夫是个人才，将来国家有事，可以让他掌握兵权。”

太子刘启点点头。不久，汉文帝去世，太子刘启继承帝位。后来发生了吴楚七国之乱，景帝想起父亲临死前的话，就封周亚夫为太尉，率领大军讨伐叛军。

七国之乱是景帝时候的一件大事，最主要的关键人物是晁错。

景帝当太子的时候，晁错是他的老师，后来升到太中大夫。景帝当了皇帝，派晁错当内史，是皇帝的心腹大臣。晁错的意见大都会被采纳，他便以为自己受宠，连丞相申屠嘉也不看在眼里，因此得罪了许多人。

申屠嘉在文帝的时候，因为看不惯邓通在朝中不守规矩，虽然邓通是文帝的宠臣，还是被他重重打了一顿，要不是文帝出面说情，说不定连头都给砍下了。晁错在朝中目中无人，不但申屠嘉看了生气，其他的大臣也看不顺眼。申屠嘉是高祖的大功臣，便利用他的权力打击晁错。

长安城有条街，正好在太上皇高祖太庙的后面，车马进出很不方便，晁错自作主张，将太庙后墙打了一个便门。申屠嘉抓住这个机会，报告皇帝说：“晁错毁坏太庙，罪当砍头。”

晁错是个机灵的人，早在景帝面前说过好话，所以景帝淡淡地回说：“他拆的是太庙的外墙，又不是城垣，不算违法。”

申屠嘉不但没把晁错告倒，反而碰了一个大钉子，很后悔没有先斩了他再报告皇帝。申屠嘉个性本来就很强硬，回来憋了一肚子气，竟气得吐血死了。

晁错在朝中还有一个死对头，就是袁盎，两个人在朝中从来不讲话。晁错怕袁盎在皇帝面前说他坏话，便请求景帝惩戒袁盎，说他私下收受吴王濞的钱财，景帝于是将袁盎贬为平民。

铲除了申屠嘉和袁盎两个大仇人，晁错更是谁都不怕，一心一意讨好景帝，所有的大臣都很嫉恨他。

过去在汉文帝的时候，为了防止诸侯叛乱，采纳贾谊的政策，把几个大国分成许多小国，让诸侯将他们的土地分给他们的子孙，表面上，是天子赐给他们恩惠，实际上，是削弱了诸侯的力量，因为王国数目多了，土地和力量就分散了。到景帝时，最大的诸侯有吴王濞、楚王戊、齐王将闾、梁王武和赵王遂。

晁错说诸侯力量太强大会造反，应当削夺他们的土地，这在当时是件非常重大的事，景帝一向很听晁错的话，但是，唯独对这件事情非常小心，他怕万一处理不当，会惹出大麻烦。

诸侯中最强大的吴国，在文帝的时候，发生过一件很不愉快的事，让吴王濞一直想要造反。

吴王濞是汉高祖的侄子。因为吴国靠海，可以煮海水制盐，又有铜山可以私自铸钱，而且还延揽很多有才干的人辅佐国事，在各诸侯国中是最富强的。

当年，吴王的儿子到长安游玩，跟太子（也就是景帝）饮酒下棋，两个人不知道为了什么事，突然大吵起来。太子一气之下拿起棋盘，朝着吴王儿子的头打下去，把他打得脑浆迸裂，倒地而死。

吴王看见自己儿子的尸首被送回来，暴跳如雷地说："你们打死我的儿子，他死在长安，就要葬在长安，干什么假情假意送回来?"他拍着棺材说："抬走！抬走！把棺材给我抬回去。"

吴王濞硬逼着人将他儿子的棺材送回长安，从此吴王不再上朝。

汉文帝知道吴王是为了儿子的事，故意不上朝，不尽王侯的礼节，便原谅了他，还年年送礼给他，为他找理由，说他年纪大，不上朝也没关系。吴王濞渐渐觉得自己也有不对，才打消造反的意图。

可是现在景帝当了皇帝，又让吴王濞想起丧子的痛苦，加上听说晁错主张削弱诸侯的土地，于是又起了要造反的念头。

晁错凭自己的小聪明，当上了御史大夫，他坚持削弱藩国的封地。

"当年太上皇高祖时，天下刚刚安定，兄弟少，自己的孩子年纪还小，所以才封了诸多姓刘的族人当王。现在楚王和吴王就占了半个天下，尤其吴王更是骄傲蛮横。文帝仁厚，才不忍心杀他。他不知反省，竟敢开矿铸钱，煮海制盐，结合大批亡命之徒，这种人迟早会造反的。现在的情势很清楚，削他的土地他会造反，不削他的土地他也会造反。我们早点行动，才能减轻祸害，否则恐怕一发不可收拾。"他建议景帝。

但是朝中大臣同意晁错的人少，反对的人多，景帝只好把这件事情搁置下来。

晁错还不死心，又向景帝报告楚王戊、赵王遂、胶西王印的罪过，坚持要消减他们的土地，他的坚持引起诸侯的不安。

晁错的父亲听到很多人谈到儿子在朝中的情形，知道这样下去，一定不会有好下场，便连夜从家乡赶到长安。

晁错很高兴见到父亲来看他，没想到父亲一见到他，就责备他说："你身为朝中大臣，不好好辅佐天子治理国家，替人民谋福利，为什么反而挑拨是非呢?"

"爹，我是尽忠职守啊！如果我不这样做，天子没有尊严，连祖宗神庙也保不住了。"晁错急急辩解道。

晁错的父亲又苦口婆心地劝说，他却没听进去。他父亲临走前，很生气地指着他的鼻子说："哼！我看我们家就快遭殃了。"

儿子执迷不悟，晁错的父亲非常气愤，回到家后便服毒自杀。

"我不忍心看到大祸临头，不如先死的好！"他这么告诉家人。

其实，晁错的看法并没有错，吴王早有造反的心，只是晁错太骄傲，得罪了很多人，大家才会不认同他。

果然，晁错的父亲死后没几天，吴王濞就带头发动了吴楚七国之乱。

吴王交游广阔，很多朋友都很诚恳地劝他不要造反，他就是不听。眼看楚国、赵国和胶西三国都被削减了封地，他深觉自己的处境危险，便决定兴兵作乱。

胶西王被削了土地，满肚子不高兴，吴王派人和他联手起兵，他便一口答应。吴王又同时联合齐、菑川、胶东、济南五个王。大家都恨晁错，纷纷响应吴王濞的行动。

就在这个时候，皇帝的诏书到了，要削去吴王会稽、豫章两个郡。吴王大怒，把皇帝的诏书往地上一丢，立刻发动二十万大军叛乱。楚王、胶西王、菑川王、济南王纷纷从他们的领地起兵，天下开始大乱。

汉景帝得到七国作乱的消息，知道非用兵不可，这时他想起文帝临死前跟他说的话，立刻派周亚夫为太尉，分三路大军讨伐吴楚七国。

大臣窦婴带领大队人马正准备出发时，被废为平民的袁盎来拜访他。

“我有紧急的事要见天子。”袁盎神秘地说。

“什么事这么重要?”

“是跟晁错有关的事。”袁盎故意将晁错的名字说大声点。

窦婴一听晁错的名字，立刻冒起无名火，因为他们是仇人。袁盎就是利用这点，请窦婴替他去求见皇帝。

“过去我在吴王那里做过事，知道吴国的一些底细，这些事只能当面告诉皇上。”袁盎解释说。

窦婴替他向皇帝求见后，皇帝立刻召袁盎入宫。

晁错是皇帝最亲信的人，两人经常在一起。袁盎进宫后，看见晁错和皇帝正在谈论出兵讨伐吴楚七国的事情。

“你当过吴王的国相，依你看，吴国大将田伯禄怎么样?”景帝顺口问袁盎。

“他没有什么可怕的，依现在的情形，吴楚之乱很快就可以平定。”

“不要小看吴国啊，”景帝觉得袁盎的看法太天真，“他们有铜山可以铸钱，有海水可以煮盐，又养了很多人才。如果没有充分把握，吴王怎么敢造反。”

“陛下，吴王濞哪里有什么英雄好汉？都是一些无赖，所以才会鼓动吴王造反呀！”

晁错本来就讨厌袁盎，现在看他信口开河，忍不住插嘴说：“你把吴国看得那么简单，难得你有打败敌人的妙计吗？”

“当然有。”袁盎瞟了晁错一眼，明显是在向他挑战。

“好！你说说看有什么计策。”景帝说。

袁盎故作神秘地环视伺候在皇帝四周的人，说：“这个计策只能让陛下知道。”

景帝让所有的人退下，只留下晁错。袁盎看着晁错，仍然不肯说出他的计策。

景帝催促他：“没人啦！你可以安心说了。”

“陛下，这是国家机密，泄露了会坏大事，除了陛下以外，最好不要让任何人知道。”

景帝看了袁盎一眼，觉得这也未免太过神秘，但他急着要听策略，于是用眼神示意晁错回避。

袁盎见晁错出去了，就跪在皇帝面前，小声地说：“我私下常和吴楚的人通信，其实他们都没有造反的意思。”

“现在不是反了吗？”

“不！陛下，他们是迫不得已才造反的。”

“朕并没有逼他们呀！”

“当然不是陛下，他们说都是晁错居间挑拨，大家非常恨他。为了保全自己，不得不起兵……”

袁盎说到这里停住了。

“快说下去呀！”景帝等不及地催促。

“他们都说……”

“你尽管说，说错了我也不会怪罪你。”

“他们说，只要杀了晁错，免了七国的罪，这样，不要一兵一卒，所有问题都可以解决，否则打起仗来，对国家和百姓都不好。”袁盎一面说，一面注意景帝的脸色。

听完袁盎的话，景帝暗自松了一口气，却不接话。

“陛下，难道要为了一个人，让天下的人受难吗？”袁盎继续鼓吹。

“当然不能为了一个人害了大家，你去传话给吴王，如果能退兵，一切就好办。”

不久，景帝出其不意地下令把晁错杀了，连他的家人也无一幸免，但是袁盎的任务失败，晁错死了，吴楚七国之乱并没有停止。

景帝很生气，询问前方的军情，随军的校尉回答：“吴王濞造反的意图，不是今天才有，他们早有预谋。杀晁错止作乱，只不过是个借口罢了。从此，恐怕再也没有人敢在陛下面前讲真话了。”

“为什么？”景帝很惊讶。

“晁错怕诸王强大起来控制不住，主张削夺他们的封地，这是为了国家的利益。杀他等于阻塞了好人的嘴，实在太可惜了。”

景帝这才恍然大悟，但是已经来不及了。袁盎为了私仇，在皇帝面前说晁错的坏话，当时虽没受到惩处，后来也被暗杀了。

景帝眼看情势危急，于是兵分三路讨伐吴楚七国。太尉周亚夫是第一路，打算从灞上出兵函谷关，再往中原前进。

一天，周亚夫的大军走到半路上，突然有个人跪在路上拦住去路。

"将军能不能听我说句话？"

周亚夫急忙下马，扶起跪在地上的人。

"快起来，你有什么话要说？"

"小人叫赵涉。将军出兵讨伐吴楚七国，打胜了，国家可保安定；万一打败了呢？那可就危险了。"

周亚夫听赵涉的口气，好像是个有见识的人，便说："那你有什么建议呢？"

赵涉诚恳地说："吴国很富强，人才也多，早就料到将军会由函谷关往东进攻，但是沿途都是地势险要的地方，可能他们早就埋伏重兵，在险要地方等着你。将军和他们正面冲突，就算打胜了，损失也必定很惨重。我觉得用兵打仗要靠神妙的算计才行，不能硬碰硬啊！"

周亚夫很感激赵涉提醒他，就问："那该怎么做呢？"

"我看最好往南走，避重就轻。出武关再绕到洛阳，这样虽然比从函谷关出去慢一点，但是相差也不过一两天。"

为了证实赵涉的话，周亚夫先派人到函谷关查看，果然发现有重兵埋伏。于是他任用赵涉当护军，改由武关出发。出了关后，为了拉长时间，消耗吴楚两国的兵力，周亚夫故意驻守在昌邑不动，另派突击队去切断敌人军粮的道路。

田伯禄是吴国有名的大将，他想率领五万大军去攻打武关，吴王不答应；有人提议直接攻打洛阳，吴王也不听，却选择去攻打睢阳，结果死伤惨重。加上周亚夫驻守昌邑，更使吴王进退两难。

吴王濞想要尽快结束这场战役，可是周亚夫先切断了吴王运粮的道路后，又不出兵和吴王交战，只管整天在营中休养生息。

日子一天一天过去，周亚夫还是不出兵。吴国的粮食眼看快吃光了，士兵们受不了，纷纷弃甲逃走。吴王只好撤兵后退，周亚夫从后面追击，一场仗打下来，死伤无数，尸横遍野。吴王濞的大军溃败，吴王被杀。楚王也抵不过强敌，自杀了。

七国中最强的吴楚两国都败在周亚夫手下，其他几个小国也被窦婴击败。这一场战争虽然历时只有三个月，却死了十几万人。

乱事平定了，周亚夫功劳最大，景帝封他为条侯，成为朝中最有声望的人，没有人可以跟他相比。

五年后（公元前一五〇年），周亚夫当上了丞相，景帝非常尊敬他，后来君臣关系却因为两件事而渐行渐远。

第一件事，景帝宠爱王夫人，所以想要废掉太子刘荣，改立王夫人所生的刘彻当太子。周亚夫坚持反对，君臣之间闹得很不愉快。

第二件事，景帝要封王夫人的哥哥王信，问周亚夫的意见，周亚夫毫不客气地说："高祖在世的时候有规定，不是刘姓的人不能够封王，没有军功的人不能封侯。王信虽然是皇后的哥哥，但没有功劳，理当不能封侯。”

周亚夫的声望太高，容易遭人嫉妒，有心人便趁着周亚夫和皇帝意见不合的机会，在皇帝面前说周亚夫的坏话。景帝一时气愤，就不再信任他了。周亚夫知道后，心灰意冷地请病假回家乡。

不久，景帝想要试试周亚夫是不是恨他，于是请他来宫中吃饭。他故意让厨子上了一盘肉，大大的肉块没有切开，也没有筷子。

周亚夫皱了眉头，“去拿把刀子，拿双筷子来”。周亚夫不客气地对伺候在旁的人说。

景帝用力甩了一下袖子，从座席上站起来，面带诡异的笑，口气不大好地问：“这么丰盛的礼物，你还不满意吗?”

周亚夫惊恐万分，忙向皇帝请罪，脸上却露出愤愤不平的表情。

“看你这个样子，哪像个当臣子的。”景帝眼光没落在他身上，抬头盯着高处看。

经过这件事，周亚夫心情很烦闷，一下子衰老许多。

他的儿子看父亲年纪大了，可能不久人世，依照当时的习俗，武将死了要用兵器陪葬，所以买了很多甲盾准备，结果被人密告，说周亚夫私藏兵器，想要造反。

廷尉追问周亚夫，周亚夫解释自己并无二心。

“那些武器做什么用?”

“那是我儿子买的陪葬品。”

“陪葬品？明明是你想要造反！”

廷尉逼迫、鞭打周亚夫，要他说实话。周亚夫那么大年纪了，哪里受得了，气得不吃不喝，几天之后，就饿死在狱中。

高傲的周亚夫死得冤枉，在他成名以前，就有人预言他会有这样的下场。

事情的经过是这样：

周亚夫是周勃的儿子，周勃死后，文帝让周亚夫继承父亲的职位，担任河内太守。周亚夫听说有位会看相的老太太，叫许负，便托人去请她来看相。

“您看看我的面相如何？”

许负仔细端详后，说：“不错。就您的相貌看来，三年后应该会封侯；八年后可以当大将军，最后会做到丞相。不过……您的下场……不太好……”

起初周亚夫听得很高兴，听到将来的下场不好，脸色立刻深沉下来。

“是不是要受刑？”他担心地问。

“那倒不会。”

“不受刑还会有什么？”周亚夫急急追问。

“做丞相九年后您自然会知道。”

“你现在说说又有什么关系，说错了我也不会找你麻烦。”

许负看看周亚夫，想了一下，才说：“从您的相貌上来看，将来老了恐怕会饿死。”

周亚夫以为许负会说些什么，想不到冒出一句这样的话，忍不住冷笑说：“不准！不准！你看得不准。你说我会封侯，其实这事根本轮不到我，我大哥可以继承父亲的爵位，就算他死了，还有我大哥的儿子，所以轮不到我封侯。”

“我说一定可以。”许负很肯定地表示。

“好吧！就算我能封侯，当大将，当丞相。我当了丞相还会饿死吗？我看你看相根本不准。”

“准不准就看以后了，不准您也别见怪。”

三年后周亚夫的哥哥犯了罪，文帝将爵位封给周亚夫。文帝死前嘱咐太子刘启重用周亚夫，所以他当上了太尉。九年后，讨平七国之乱，他的功劳最大，当上了丞相。不过最后真的应了许负的话，饿死在狱中。

文帝和景帝，前后在位三十九年（公元前一七九—前一四一年），除了七国之乱外，社会安定，人民生活富足，国库银两充裕，粮仓粮食吃不完，可以说是天下太平。

景帝虽然没有他父亲文帝能干，但还算是个好皇帝，所以这个时期，历史上称作“文景之治”。

第四章 大汉天威

◎汉武帝

◎武帝六伐匈奴

◎张骞出使西域

◎爱国的苏武

汉武帝

知了……

知了……

知了……

树上的蝉在猗（yī）兰殿外叫个不停。太子的老师晁错正摇头晃脑地给太子上课，一看太子已经昏昏睡去，便轻手轻脚地走开了。

猗兰殿是太子刘启住的地方，除了陪他读书的老师外，他最喜欢的王夫人也住在这里。王夫人替瞌睡中的太子擦掉额头上的汗。

太子在睡梦中突然大喊救命，坐在身边的王夫人吓了一跳，轻轻将他摇醒。

“你快醒醒。”

太子揉了揉眼睛，看着美丽的王夫人。

“好可怕，好可怕呀！”

“怎么啦？”

“刚才做了一个噩梦，”太子满脸惊恐地说，“有一只红色的猪朝着我冲过来。”

王夫人笑着说：“只不过是一头猪呀！瞧你叫得那么大声，快把人吓死了。”

隔了几天，太子又做了一个梦，他看到天上有位女神，捧着一个大月亮下来，王夫人把月亮吞下去了。

王夫人听了太子的梦，问他："还有其他的吗？"

"没了。"

王夫人小声地在太子耳边说了几句悄悄话，太子高兴地叫起来。

"真的吗？"

"小声点儿，我怎么会骗你呢！"

原来王夫人怀孕了。太子跟他父亲一样，也有点儿迷信，认为王夫人怀孕跟他的梦有关系。

不久，汉文帝去世，太子刘启继承皇位，就是汉景帝。景帝刚就位不久，王夫人就生下一个胖娃娃，活泼可爱，景帝给他起个名字叫刘彻，小名彘儿，彘就是红色的猪。这个小猪儿就是中国历史上有名的汉武帝。

汉武帝小时候很聪明，又是景帝做梦才生了他，所以特别受到宠爱。

武帝的姑妈馆陶公主有个漂亮的小女儿叫阿娇。有一天，姑妈抱着彘儿，逗弄着说："你要不要娶媳妇啊？"

"要——"

姑妈笑着用手指着侍女们说："那你要哪一个呀？"

彘儿瞪着大眼睛，看了好一会儿，说："我都不要。"

姑妈牵过小女儿阿娇，又问："娶她好不好？"

彘儿连想也没想就答应了。

"好！阿娇做我的媳妇，我要用金子盖一幢屋子，把她藏起来。"

景帝除了喜欢王夫人，还喜欢栗姬。王夫人生了彘儿，希望皇帝立他为太子。栗姬生了三个男孩，大的叫刘荣，本来应该是太子。王夫人为了让自己的儿子当太子，就联合馆陶公主一起排挤栗姬，在景帝面前说栗姬的坏话。景帝果然渐渐冷落栗姬，废掉太子刘荣，改立刘彻为太子。那时调皮活泼的彘儿只有七岁。十年后他当上了皇帝。

刘彻当上皇帝，真的娶了姑妈的女儿阿娇为妻，就是陈皇后。“金屋藏娇”这个成语，就是由这个故事来的。

汉武帝虽然喜欢陈皇后，但是婚后陈皇后一直没有生孩子。皇帝没有儿子，将来谁继承王位呢？这是一个很严重的问题。

武帝的大姐平阳公主非常关心弟弟，暗中挑选很多美丽的女孩子，准备找机会献给汉武帝。

春天到了，天子到灞水边举行春季祭祀大典。祭过祖庙后，沿途顺便欣赏风景。灞水两岸正是桃花怒放，大地一片新绿。汉武帝边走边看，心情很好。路过大姐平阳公主的家门口时，公主摆了酒席宴请武帝，除了丰盛的菜肴，还有年轻美丽的女孩子唱歌跳舞作陪助兴。

武帝难得有机会和姐姐聚会，非常高兴，多喝了一些酒，心情也有些醺醺然。发现席上有一名漂亮的女孩，便直盯着看。

“陛下，这些女孩好看吗？”平阳公主问。

武帝不好意思地笑着。

平阳公主懂得弟弟的意思，又问：“皇弟喜欢哪一个呀？”

“那个。”武帝指指最吸引他的女孩。

“哪一个？”

“就是最美的那个。”

平阳知道他指的是卫子夫，笑道：“陛下的眼光真好，就把她送给皇弟了。”

卫子夫进了宫，跟其他的宫女同住在后宫，不料武帝竟将她给忘记了。卫子夫连皇帝的面都见不到，便哭哭啼啼地要求出宫。

宫女要出宫，必须皇帝看过才放行。当武帝看到美丽的卫子夫，心想，这个漂亮的女孩，好像在哪儿看过？

他歪着头想了一会儿，记起她是大姐送给他的美人卫子夫，赶紧将她留下来，而且对她宠爱有加，也渐渐冷淡了陈皇后。

馆陶公主知道武帝不再喜欢阿娇，当然很不高兴。而阿娇仗着母亲是武帝的姑妈，千方百计在皇帝面前跟卫子夫争宠，结果事情越弄越糟，反而惹得武帝更讨厌陈皇后了。

陈皇后找来一个女巫，穿上男人的衣服，在宫里作法，想挽回武帝对她的感情；这事传到武帝那里，气得他跺脚痛骂。

“真不像话！哪里像皇后的行为。”

从此陈皇后被留在冷清的长门宫，过着孤独寂寞的日子。一个享惯荣华富贵的皇后，怎么受得了这样大的转变？然而，夫妻情分已了，就算她母亲是皇帝的姑妈，仍然挽不回皇帝的心。

春天的花朵使她伤心落泪，秋天的月亮使她触景伤情。

陈皇后听说有个大文学家司马相如，文章写得精彩动人，武帝很欣赏，于是暗中托人送钱给司马相如，请他写篇文章，希望能够感动皇帝，让他回心转意。

司马相如是四川成都的一名穷书生，后来娶了有钱人家的女儿，生活安定下来后，整天写文章。武帝看到他的文章，非常称赞他的才华，陈皇后也知道这件事，因此希望借由司马相如的文章打动皇帝的心。司马相如掏空心思，写了一篇流传千古的《长门赋》。

汉武帝读了很受感动，也亲自到长门宫去看陈皇后，但是他的心并没有被挽回。几年后，陈皇后在长门宫悲伤地去世。

陈皇后过世后，卫子夫当了皇后。她生了三个女儿一个儿子。儿子取名叫刘据，不久刘据被立为太子。后来卫子夫的弟弟卫青和外甥霍去病，也因为讨伐匈奴有功都封了侯。

武帝六伐匈奴

汉朝在文帝、景帝的时候（公元前一七九—前一四一年），除了发生“七国之乱”外，几十年来，天下太平，民生安乐，是汉代最富足的时期。国家社会安定了，雄才大略的汉武帝想增强国力、扩张国土、讨伐匈奴、打通西域，在中华民族的开创史上，留下了最亮眼的功绩。

自古以来，中国北方最大的边患就是匈奴。从汉高祖到汉景帝，不断加强防御，还是防不胜防，最后改用和亲的政策，才得到暂时的安定。到了汉武帝，他决定改变对付匈奴的态度，采取主动攻击的策略。

汉武帝建元六年（公元前一三五年），匈奴又来向汉朝求亲。武帝召集大臣集会讨论。

武帝问大将王恢："你刚平定闽越回来，依你的作战经验，应该如何对付北方的匈奴？"

"微臣坚决反对再用和亲的办法。"

"当然不能再用和亲的方法，那是我们的耻辱。"武帝点点头，同意王恢的看法。

王恢是北方人，亲身受过匈奴的迫害，最痛恨匈奴。"匈奴根本不讲理，和亲只能安定几年，最好的方法是用武力彻底解决。"他对武帝说。

跟王恢同时平定闽越的韩安国，却持不同的意见。

"匈奴的骑兵行动迅速，行踪难以捉摸，不是我们熟悉的战术。再说，徒步千里前去打仗，到了目的地，我们的士兵早已筋疲力尽，哪里还有力气打仗呢？我认为与其战败，不如和亲。"

讨论了好久，双方意见僵持不下，武帝考虑后，为了长远打算，决定一方面暂时同意和亲，敷衍匈奴；一方面则加强边疆的防御，派遣程不识和李广去防守雁门。

在雁门马邑有个生意人，名叫聂壹，他很有钱又爱国。有一天，他托王恢上书给武帝，愿意用计谋引诱匈奴南下，然后在半路部署伏兵突袭。

武帝胆大心细，又召集大家讨论。

王恢说："我们这次不和匈奴正面冲突，让聂壹将匈奴骗来，半路用伏兵突击，一定可以歼灭敌人。”

汉武帝觉得有道理，便派李广和韩安国率领三十万大军，埋伏在马邑四周的山谷中。

聂壹悄悄潜入匈奴国去见单于，送给他很多珍贵的礼物。

单于打开礼物一看，高兴地问：“你为什么送这么好的礼物给我？”

“这还不算顶好的，更好的还多着呢！”

“在哪里？”单于贪婪地看着聂壹。

“在马邑。”

单于失望地说：“在马邑？那有什么用。”

“我来找你，就是想要得到更多宝贵的东西，”聂壹咬牙切齿地说，“我吃过汉人的亏，非常痛恨汉人，所以和你合作，一起夺下马邑，这样我们就可以平分所有的财物。”

单于有点心动，却觉得这样的举动未免太冒险，一时拿不定主意。

聂壹说：“难道不想要更多、更好的东西吗？”

“当然要，”单于禁不起诱惑，直接就答应，“我们该怎么合作？”

聂壹看看四周，轻轻在单于的耳边说：“我回马邑，先杀死县令，你只要看到城墙上挂出人头，就可进攻。”

单于紧紧握住聂壹的手，说：“就这样说定！”

两天后，单于派人去马邑打听消息，那人回来报告说，城边已经挂出人头。

从单于的营地到马邑有一段很长的路，沿途都是数不尽的牛羊，却没看到一个放羊的人，单于觉得很奇怪，派人四处去搜查，抓到了两个躲躲藏藏的汉兵。一顿毒打下，汉兵不堪疼痛，泄漏了汉军突袭的秘密。单于知道中计，下令撤退大军，等王恢的人追来时，匈奴早就没有影子了。

这次突袭，不但没抓到半个匈奴人，而且花费了很多钱。王恢知道武帝饶不了他，便以死谢罪。从此单于不再信任汉人，也拒绝和亲，经常在边境扰乱、抢劫，武帝于是决心讨伐。

过了四年（元光六年，公元前一二九年），匈奴在边境杀死汉官，武帝便派卫青、公孙贺、公孙敖、李广四个前去讨伐。结果吃了败仗，死了七千多人，李广也被俘虏；只有英勇善战的年轻将军卫青打了胜仗，得到武帝的奖赏，被封为关内侯。

卫青是皇后卫子夫的弟弟。当年汉武帝在平阳公主的家中，看上了卫子夫，于是将她带回宫。临走时，看到一个牵着马的男孩，长得很结实。

“你是谁?”武帝问他。

“我叫卫青，她是我姐姐。”卫青一面拉住马，一面指着卫子夫说，表现从容又自信。

武帝拍拍他的肩膀说：“好！你也一起进宫吧！”

陈皇后阿娇死后，卫子夫当上皇后，卫青专门负责保护姐姐的工作。因为他精明能干，有男子气概，武帝特别喜欢他。现在与匈奴交战，其他人都没有战果，只有年轻的卫青得到胜利，武帝就更看重他了。

两年后（元朔二年，公元前一二七年），武帝又派卫青讨伐匈奴。这次卫青又打了胜仗，将匈奴逐出塞外，不但收复了河南（现在黄河河套内绥远等地），建立朔方郡，还俘虏了几千人、几十万头牛羊。武帝大为高兴，封卫青为长平侯。这是武帝讨伐匈奴的第一次大胜利。

武帝为了防御匈奴入侵，重新修筑万里长城，花了很多金钱，却阻止不了匈奴来犯，匈奴反而在雁门、朔方各地闹得更凶。

元朔五年（公元前一二四年），武帝又派卫青去打匈奴。匈奴的右贤王根本不把汉军放在眼里，整日在营帐中饮酒作乐，不知黄沙滚滚的大沙漠里，正有十几万骑兵奔驰而来，将他们重重包围。

慌乱中，匈奴王带着他的爱妾，由几十名骑兵保护，狼狈地逃走。沙漠中尸横遍野，一阵风沙卷过，将尸体掩埋了；再一批匈奴兵倒下，又被风沙掩埋。就这样，一批又一批，不知道死了多少人。一万五千多名匈奴兵和成群的牛羊、马匹被卫青带回。这是武帝伐匈奴第二次大胜利。

皇帝听说卫青再度获胜，不等他回到长安，就派人到边境迎接。武帝更加封他为大将军，所有的大将都听他的指挥，年轻的大将军卫青成为千千万万人崇拜的偶像。

卫青骁勇善战，当然应该得到报赏，但也是因为汉武帝有眼光、会用人，赏罚分明，才有很多人肯为国家卖力。

和卫青同样有名的将军就是霍去病，他也是汉朝一位了不起的民族英雄。

霍去病是卫青的外甥，母亲改嫁后，就一直跟着舅舅。他崇拜卫青，从小看着舅舅雄赳赳地操演兵器，十分向往，也跟着学习骑马、射箭和各种兵法，长大后，果然也成了威武的勇士。

卫青讨伐匈奴大胜后第二年（公元前一二三年），卫青又奉命平外患，刚满十八岁的霍去病和舅舅一起出征。霍去病沉静不多话，是勇往直前的行动派。他第一次上战场，只带了八百人，竟敢深夜入敌营几百里，杀了两千多人。打了胜仗回来后，武帝封他为冠军侯，从此声名远播。

霍去病年轻英勇，深受武帝赏识。两年后（公元前一二一年）的春天，武帝封霍去病为骠骑将军，让他带一万名骑兵，从陇西攻打匈奴。

霍去病带着大军西进，穿山越岭，到达大沙漠地带，跟匈奴苦战六天，匈奴大败，他乘胜追击。过马支山以北一千多里，两军再度交手，汉军逼得匈奴落荒而逃。这次战争中，匈奴总共死了八千九百多人。这是汉武帝伐匈奴的第三次大胜利。

那年夏天，霍去病又冒着炎热的天气，深入边塞两千多里，渡过居延海，到达小月氏（xiǎoròuzhī，汉文帝初年，月氏的一部分人没有西迁，进入南山，与羌人杂居，称小月氏），在祁连山跟匈奴大战。这次战争俘虏了匈奴王五人，阏氏和王子共五十九人，另有国相、将军共计六十三人。这是汉武帝伐匈奴的第四次大胜利。

年轻的将军霍去病每次作战都是一马当先，士兵也都是精心挑选后再经过严格训练，所以其部队百战百胜，是一支非常强悍的军队。随着骠骑将军的声名远扬，霍去病更受皇帝重视了。

陇西以北的地方，原来归匈奴浑邪王管理，可是连着三次被霍去病打败，匈奴单于很生气，下令杀浑邪王。为了逃命，浑邪王跟休屠王商议投靠汉军。

汉武帝怕匈奴王有诈，派霍去病到边境去接受投降。汉军过了黄河和匈奴对峙，想不到休屠王后悔了，浑邪王一怒将他杀死，导致军中大乱。霍去病带兵冲入匈奴营地，杀死七千多名反抗的匈奴人，才稳定了情势。这次一共有十万人投降。这是汉武帝伐匈奴的第五次大胜。

霍去病将浑邪王送到长安，把投降的人送到河内，又将关中贫苦的人民移到河西去开垦荒地。武帝还设置了河西四郡——武威、酒泉、张掖、敦煌。中华民族的疆域扩大了，从此，河西地区再也没有匈奴的踪迹，西域的交通也打开了。

元狩四年（公元前一一九年），武帝为了彻底消灭匈奴，又发动了一次规模最大的攻击。这次一共有十万大军，分东西两路出发。

西路大将军卫青率领李广、公孙敖、公孙贺、赵食其等人，带五万大军从定襄出发。

东路由骠骑将军霍去病率领路博德、卫山、复陆支等人往东出代郡。

东西两路的汉军准备用包围战，这样才能彻底消灭匈奴。这次战争可说是汉代开国以来规模最大、最激烈的一次战争。双方都发动了十几万的大军，声势非常浩大。西路卫青的大军战果不理想，让匈奴的首领单于逃走了；飞将军李广迷路了，心有不甘自杀而死；赵食其也没有战功，被罚降为平民。西路的汉军只歼灭了九千多人，所以这回大将军卫青没有得到赏赐。

霍去病独自率军深入荒凉的塞北两千多里，他的战绩是：俘虏八十三个匈奴首领，杀死敌人七万四千多人，从此匈奴再也不敢南下。

这次是武帝伐匈奴的第六次大胜利。这次交战，双方伤亡惨重，匈奴死了九万多人，汉军以十四万匹马出征，回来只剩三万不到。

汉武帝时代的八年间（公元前一二七—前一一九年），汉朝和匈奴打仗共获得六次大胜，国库银两也相对减少很多。为了给连年烽火增加军费，武帝开始让有钱人花钱买官。这个政策虽然让国家的收入增加，社会的风气也逐渐败坏。

霍去病打匈奴连战连胜，变得比他舅舅更有名。因为武帝实在太喜欢他了，在他出征的时候，为他建造一座豪华的官府。霍去病回来后，感慨地说："匈奴都还没有消灭，要什么家呢？"

可惜霍去病不到三十岁就过世。武帝非常悲伤，下令仿照祁连山形状，为霍去病建造一座大坟墓。他死后十年，大将军卫青也过世了。汉代两位大英雄虽然都英年早逝，可是两千多年来，只要一提到汉武帝伐匈奴，我们还是会想起卫青和霍去病这两位英雄。

伐匈奴是武帝最光荣的事。元封元年（公元前一一〇年），他率领十八万大军浩浩荡荡到塞外巡游，当他登高望远，看到沙漠中旌旗在阳光下飘扬，一望无际的草原中，只见牛羊成群，并无匈奴踪迹，心中十分快活。

"我终于替高祖报了被困在平城的耻辱了。"他踌躇满志地说。

张骞出使西域

武帝打匈奴，获得六次大胜利，此后二十年匈奴不敢入侵中国。

对中国南方国土的开拓，汉武帝也有辉煌的成就。他先后平定南粤和几十个小国，将它们划分为九个郡，南方的国土从今广西到越南、云南、贵州、福建，都划入中国版图。接着他又开始朝东、西两方发展。

东方的朝鲜在周朝的时候是箕子的封地，传到了第十四代，国家渐渐衰弱。刘邦和项羽争夺天下的时候，燕国有个叫卫满的人赶走箕子的后代，在王险城（今平壤）建立国都，自称朝鲜王。到了卫满的孙子卫右渠当国王时，汉武帝派涉何去劝降卫右渠，朝鲜王不理睬，还下令杀死涉何。

汉武帝很生气，于是在元封三年（公元前一〇八年）派遣两支大军，分别由水陆进攻朝鲜。结果卫右渠被杀，朝鲜划入中国的版图。武帝在朝鲜设置长浪、玄菟、真番、临屯四个郡。

北方、南方和东方的问题解决了，雄心勃勃的汉武帝又注意到西域的开拓。西域就是玉门关以西的地方，包括现今位于新疆的天山南路和葱岭以西，直到里海，南到印度、阿富汗、伊朗三个国家以北的地方。早在武帝开始讨伐匈奴的时候，就想要采取围攻法切断匈奴的右臂。武帝听说西方的月氏非常仇恨匈奴，早就想伺机报仇，武帝想采取以夷制夷的方法，联合月氏夹击匈奴，所以需要一个适当的人选到西域当说客。这时朝中有个郎官，名叫张骞，主动表示愿意到西域。武帝见张骞相貌堂堂，觉得他再恰当不过，于是派张骞代表汉朝出使西域。

建元三年（公元前一三八年），张骞带了一百多人和一名胡人向导，前往月氏。出了国境后往祁连山方向前进时，在路上遇到一批匈奴兵，张骞被抓去扣留在匈奴国，一待就是十年，并且被迫与匈奴人结婚生子。

匈奴因为怕张骞逃走，一直把他看管得很紧，只是张骞没有忘记他的使命，表面上他很顺从，暗地里却随时等待脱身。有一次果然让他成功脱逃。

张骞和胡人的向导在大漠中前进，一路上吃尽苦头，终于来到一个大宛的国家。大宛是西域的一个大国，很仰慕汉朝的国威，听说汉朝的使者到来，不但热烈欢迎，并且派人护送他到大月氏去。

大月氏在老王的时代与匈奴为敌，但老王过世后，人民生活富庶，国家很强，新的国王并不愿意和匈奴作对。张骞在那儿住了一年，一直无法说服大月氏国王出兵，只好带着剩下的几名随从回到长安。

张骞出使西域共十三年，虽然没有完成使命，却带回来很多新鲜的玩意儿。

张骞回国时，拿出一串晶莹剔透的果实，恭恭敬敬地献给汉武帝。

武帝吃了一颗又一颗，好奇地问："这是什么东西？这么甜美多汁。”

“报告陛下，这是西域产的水果，叫葡萄。”

皇帝一边吃着葡萄，一边听张骞报告西域的情形。

“西域在匈奴的西边，乌孙的南边，地方很广大，有三十多个国家。南边和北边有两座高大的山，中间有一条大河。”

这时，武帝已经吃完一大串葡萄了。

朝中的大臣看到武帝像个贪吃的小孩子，觉得非常有趣。武帝也知道自己有些失礼，假咳了一声，说：“继续说下去吧！”

“到西域有两条路，一条沿着大河南岸，一直到莎车；一条沿着河的北岸到疏勒，经过九座大山就是大宛。”

“还有更特别的事吗？”武帝很感兴趣。

“有。还有一种东西叫做‘苜蓿’。”

“是可以吃的东西吗？”

张骞点着头说：“是。”

武帝暗想，苜蓿一定和葡萄一样好吃。

张骞也看出皇帝的意思，急忙说：“陛下，苜蓿不是给人吃的。”

“为什么？”

“那是喂马的。”

武帝最爱马，听说西域有很多马，挥着手让张骞快点说下去。

张骞向武帝报告，说大宛的马非常高大，浑身赤红色，鬃毛高耸，尾巴长得拖在地上，跑起来像飞一样。每天中午会出汗，流出来的汗水像血一样红，所以叫“汗血马”。

武帝静静地听着，脸色露出渴望的神情。

张骞说完，他感叹地说：“这汗血马真是天马啊！”

武帝很渴望得到西域的天马，从此下定决心要通西域。

元朔六年（公元前一二三年），张骞因为跟随大将卫青攻打西域有功，被封为博望侯。两年后，他又和李广去打匈奴。李广因为迷路，让匈奴逃走，悲愤自杀。张骞本来该受死的，后来被贬为百姓。失去辛苦得来的功名，张骞很懊恼，一直想找机会立功，恢复他的荣誉。

元狩二年（公元前一二一年），霍去病攻打匈奴大胜，匈奴浑邪王投降，西域的道路打通。武帝想要联络西域的国家，召见张骞，询问他的意见。张骞心想为国立功的机会来了，于是提供了很多意见给武帝。

“想切断匈奴的右臂力量，陛下先联合乌孙，才能一劳永逸。”

“这方法不错。可是你知道，这不是一件容易的事啊！”

“陛下说得对。微臣知道西域有很多小国家都喜欢中国的东西，尤其是中国美女。”张骞说。

听到美女，武帝脸色一沉，他认为送大汉的女子给别的国家，是件不光彩的事。

“金银珠宝都没有问题，美女嘛……”他犹豫了。

“陛下，在目前的情形下，只有跟乌孙通婚，他们才肯归顺我们，这样就可以合力抵制匈奴。”张骞分析。

汉武帝很不认同通婚这种事，可是为了彻底解决外患，便同意了张骞的建议。

公元前一一九年，汉武帝派张骞带了两百多名随从和牛羊、金银珠宝等，威风地从长安出发。这是张骞第二次出使西域。

张骞一行人翻山越岭，穿过大沙漠，费尽千辛万苦，终于到了乌孙。乌孙国王收下了汉王送的礼物，却没有答应共同对抗匈奴的要求。不过张骞也利用机会派副使和康居、月氏各国交往，送给他们礼物，各国也派使者答谢。

张骞带着各国使者回长安时，乌孙也送了好几十匹马。

西域那些小国家的使者到了长安，看到雄伟的建筑，街上繁华的景象，大为惊叹。汉武帝接见使者时，那种庄严威武的气派，也留给他们深刻的印象。使者回去后，把汉朝的京城描述得像天堂，从此，西域的国家都以跟汉朝来往为荣。

一年后，张骞去世，大汉的天威也已传遍西域。

九年后（元封六年，公元前一〇五年），乌孙国王昆莫要求汉武帝将公主嫁给他，这样他就愿意永远跟汉朝和好。他知道武帝喜欢马，于是挑选了一千匹最好的马送给武帝，当作娶亲的聘礼。武帝非常高兴，便将江都王刘建的女儿刘细君嫁给乌孙王。

汉家女孩过惯宫中的生活，怎么能够忍受那么荒凉的地方！虽然乌孙王很喜欢她，可是他年纪大，语言又不通，公主觉得非常寂寞。

有一天，汉武帝经过后宫，听到宫女们弹琵琶唱着：

吾家嫁我兮天一方，

远托异国兮乌孙王，

穹庐（游牧民族居住的圆顶帐篷）为室兮旃（zhān，同“毡”）为墙，以肉为食兮酪（lào，用牛、羊、马的乳汁做成的半凝固的食品）为浆。

居长土思兮心内伤，

原为黄鹄兮归故乡。

武帝觉得这首歌的歌声充满伤情，就问宫女这是什么歌，为什么这么悲伤？宫女说是《黄鹄歌》，是嫁给乌孙王的公主唱的。

武帝很难过，又不便接回公主，只好派人送了很多礼物给她。

乌孙国送来的马虽然很好，武帝却更中意汗血马。有人设法找来几匹大宛的汗血马，情况却没想象的好。有人告诉武帝，只有大宛贰师城那里的马才是真正的汗血马，那是大宛的国宝，并不轻易送人。

武帝认为大宛太小气，下令叫人铸了一匹金马，外形、大小跟真马完全一样，把它送去大宛，想要换汗血马。大宛王不但不肯送，还打碎金马，杀死汉使。武帝非常生气，立刻派李广利征讨大宛，一定要取得大宛的汗血马。

大宛离长安很远，要走很远的路，经过很多小国。因为大宛是个大国，其他小国不愿意得罪大宛，汉使一来便把城门关起来，不供给食物和水。李广利带去的几万大军，不少饿死在半途，最后只剩几千人。

李广利上书给汉武帝，报告一路上的经过，请求暂时休兵，撤回来补充粮食后再打大宛。

武帝一看死伤那么多人，非常愤怒，立刻传旨到玉门关去。

"没有命令就撤兵，一律杀头！"

其实，这次出兵只是为了几匹汗血马，发动这么多人打大宛，朝中很多大臣并不赞成，私下都很同情李广利。

武帝断然地说："国家出兵只许成功，不许失败，大汉天国连一个小小的大宛都没法子制伏，岂不让人耻笑。以后还想到西域去吗？绝不能丢国家的脸。"

李广利接到武帝的命令，不敢往后退，只好暂时驻扎在敦煌。武帝又派了十八万大军支援李广利。大宛在强大的汉军攻击下，终于投降。汉武帝得到几十匹贰师城的天马。西域那些小国家听说大宛被汉军打败了，都跟着乌孙、大宛一样，年年到汉王朝进贡。

汉武帝得到大宛的天马，高兴地唱着《天马歌》：

天马徕从西极，
经万里兮归有德，
承灵威兮降外国，
涉流沙兮四夷服。

从此，西域很多稀奇特别的东西陆续传入中国，这时的大汉可说威震四方，是名副其实的强大国家了。

爱国的苏武

汉武帝打匈奴，连着六次大胜利，北方的匈奴逃得不见踪影。元封元年（公元前一一〇年），汉武帝亲自率领十八万大军到塞北大漠去巡视边防。

大汉的雄师在大漠中奔驰，蔚蓝的天空下，一望无际的草原，多么壮丽啊！武帝既威武又得意。他派遣郭吉为使者，前往大漠北方去见匈奴乌维单于。

匈奴连连大败，早已经没力量南下，对汉朝来的使者非常恭敬。

郭吉解释武帝的圣旨说："通知单于，南越已经败亡了，越王的头挂在大汉北方的城门楼上。现在天子亲自带兵来讨伐你们，有力量就来打，没力量就马上投降！"

乌维单于听了大怒，立刻将郭吉扣留起来。

从此汉朝和匈奴间，虽然没有发生过大冲突，匈奴表面上说好话，要求和亲，背地里却不断训练骑兵，准备和汉军作战。

有个北方人王乌很熟悉匈奴的情形，武帝派去跟乌维单于谈判。

王乌说："汉王如果真心真意，我愿意去谒见匈奴，说服他跟汉王结为永久的兄弟之邦。"

武帝听了王乌的报告，同意和好，在长安建筑一座很大的招待所，准备迎接乌维单于。

有个匈奴人先到长安看看情形，因为水土不服得了重病，还吃错了药，结果客死异乡。

武帝觉得非常对不起这个人，为了表示尊重，派路充国为特别使节，带了大批珍贵的礼物，护送那个人的灵柩回家乡。可是乌维单于认为那人是被汉人害死的，为了报仇，便扣留汉使路充国。武帝很不满，因此也扣留了匈奴的使者。

过了九年，汉武帝李广利征服大宛，匈奴单于且鞮（dī）侯担心大汉出兵攻打他们，自动将大汉的使者路充国送回长安。武帝也派苏武为使者，带着常惠、张胜和一百多人，以及很多的礼物，护送匈奴使者回去。

苏武到了匈奴国，单于且鞮侯看到大汉送来的礼物又多又好，认为大汉畏惧他们，收了礼物，对苏武的态度十分傲慢。汉使正要离开时，又发生了一件意外事件。

有个投降匈奴的汉人，叫卫律，挡住苏武的路，说："不准走！"

苏武一看是卫律，两眼冒着怒火。"你这个无耻的东西，投降了匈奴，还敢拦劫大汉使者？"

"住嘴，"卫律吼着，"我不跟你谈这些事。来人啊！立刻将他们抓起来。"

卫律命人用绳子将苏武、张胜和常惠捆了起来。

"你要干什么？"苏武睁大眼睛，怒气冲冲地问。

"干什么？你问问他吧！"卫律指着张胜说。

苏武用惊讶的眼光看看卫律，再看看张胜。"这是怎么回事？"

张胜张口结舌，不敢直视苏武。

"你怎么不说话？"苏武以为张胜犯了什么错。

张胜仍然不说话。

卫律狡猾地说："告诉你，虞长跟缑（gōu）王想要逃走，胆子可真不小啊！"

"缑王？你是说浑邪王的外甥？"

“对。缑王想念他在长安的舅舅，就和虞长偷偷杀害了单于，一起逃到长安去。”

“这跟我有什么关系？”苏武不服气地说。

“当然有关系啦！张胜是虞长的好朋友，”卫律讽刺地说，“现在你该明白了吧？”

“不明白。”

“不明白？好。现在缑王已经被我们杀了，虞长也被抓起来了。这件事是张胜和虞长共同策划的，这样你该明白了吧？”

“还是不关我的事啊！”苏武不解地说。

“他是你的部下，怎么会跟你没关系？”

“我奉了国家的命令而来，你竟敢将大汉使者当成囚犯，你这个无耻的东西。”

卫律知道这样对苏武是不对的，便吩咐人松开他的绳子。

张胜惭愧地跪在苏武面前，苏武心想，一个堂堂大汉国的使者竟受这种羞辱，还有什么脸回去见天子。只听“嗖”的一声，苏武竟然拔刀砍向自己，鲜血立刻迸出，流得满地都是。

卫律眼明手快，一把抱住苏武。

寒冷的北方，流出来的血很快就凝结。苏武呼吸急促，生命非常危险。卫律慌了手脚，他知道死一两个张胜没关系，如果苏武死了，不但会惹恼武帝，发兵攻打匈奴，就连单于也不会饶过他，因为单于一心希望苏武能够投降。

卫律请来最好的医生，用热气熏苏武，让凝结的血化开。在卫律细心的照顾下，苏武才渐渐醒来。

苏武恢复健康后，卫律奉匈奴单于的命令，说服苏武投降匈奴。

“你不必多说废话，我不会像你那么无耻，投降匈奴的。”苏武连看都不看卫律一眼。

“可是我在这里可以当王啊！将来你……”

“呸！”苏武吐了卫律一脸的口水。

“你……”卫律边擦脸上的口水，边要拔刀，一想单于交代的任务，又忍下来。他勉强笑着：“你今天归顺匈奴，明天就可以和我一样，享受荣华富贵……”

苏武不等卫律说完，又朝他吐了一口口水。

“呸！你还有脸再说。”

“你好顽固啊！就算你死了，又有谁知道呢？”

“你杀害大汉的使者，破坏两国的邦交，该死的不是我，是你！”

一次又一次，卫律一直无法说服苏武，于是匈奴单于下令将苏武关进地窖中。

地窖里又冰又冷，匈奴人不给他一点东西吃，苏武靠着坚强的意志，吃窖中的冰雪充饥。

过了一些日子，单于打开地窖，以为苏武死了，却发现他仍然活着。

匈奴单于很惊奇，于是送他到更远、更冷的北海去放羊。

那些羊都是公羊，单于却不怀好意地说：“你等着吧！等公羊生了小羊，我就放了你。”

遥远的北海一片冰天雪地，是极为寒冷的地方。苏武没有东西吃，渴了只有抓雪止渴，饿了就抓只野鼠或挖草根充饥。

苏武拿着代表国家的节杖，孤苦伶仃地生活在冰天雪地的地方。几年下来，节杖上的节旄（máo）都掉光了，他仍然舍不得丢掉，因为它代表国家给他的使命，也代表他一颗爱国的心。

匈奴扣留苏武，汉武帝大怒，决定派李广利和公孙敖率领三万人，分两路去攻打救人。苏武的好朋友李陵，是汉朝名将李广的孙子，他很会作战，但是武帝一直没有让他带兵。为了要救苏武，他向武帝下跪求情。

"请陛下让臣带兵去打匈奴。"

"你负责管理军中的粮草，也是很重要的工作啊！"武帝说。

"臣对匈奴的地理环境很熟，我的部下都是荆楚地方的勇士，有的人力气很大，可以用空手打死老虎，而且，个个都是神射手。"

"你自告奋勇打敌人，当然是件好事，可是现在人马都不够，怎么打呢？"武帝没有要让他出征的意思。

"没有马没关系，只要给我五千步兵就够。"

李陵说得那么坚定有把握，武帝只好答应他的请求。

天汉四年（公元前九七年），李陵带了五千多人向居延海（现在的甘肃酒泉城外）出发。走了三十多天，来到居延海西北方的浚稽山，那里已是匈奴大本营。李陵详细勘察地形，下令在山下扎营，同时派陈涉回长安，向皇帝报告一路状况顺利，而且士气高昂。武帝听了很高兴，没想到就在这个时候，李陵被三万敌军包围了。

走了三十多天路的五千汉军要抵挡三万匈奴，这场战争当然打得非常艰苦。

匈奴的兵一波又一波轮流攻击，李陵指挥弓箭手发动猛烈的反击，匈奴的人死了好几千，汉军边打边退，终于突出匈奴重重的包围。

单于打不过李陵，又发动八万人在后面追赶。最后汉军退到一座山谷中，在高处严密戒备。这时汉军虽然死伤不少，但是仍然奋勇作战，再杀匈奴三千人。混乱中，李陵率领部下往东南撤退。李陵的军队爬过重重山峦，来到广阔的平原，这时汉军连躲藏的地方也不好找了，到处都是沼泽，里面长满比人还要高的芦苇。匈奴下令焚烧芦苇，烈火在塞北的风势助长下，火光冲天，一发不可收拾。眼看情势非常危险，李陵下令将还没延烧到的芦苇砍掉，切断火路，才匆忙逃入附近的山中。

单于虽然人多，却不知道汉军有多少，所以不敢冒险前往，只派了部分士兵去追。埋伏在山林中的汉军，用箭又射死几千个匈奴兵。

匈奴死伤惨重，暂时停止追击。其实，困在山中的汉军只剩几百人，箭和粮食都快耗尽。有一名士兵受不了苦，投降匈奴，并将汉军的实情告诉单于。

李陵被困在山中，心中非常焦急，又得不到支援，知道这场战争输定了。这时，匈奴大军已经占领山谷上方，四周的箭像雨一样射下来。

汉军箭已用尽，只能和匈奴短兵相接，从早上打到天黑，匈奴才暂时停止进攻。

夜里，山谷里传来受伤士兵的呻吟声，凄凉而恐怖，胡马在塞北寒风中嘶叫，一声又一声，加上山谷中的回声，听了更加让人胆战心惊。

李陵抬头望着漫天的星斗，悲伤地说：“仗打败了，只有以死谢罪。”

正要举剑自杀，他的部下抱住他，很激动地说：“将军，你不能这样做！匈奴听到将军的名字就要惊吓发抖，而且皇帝又器重你，你为什么要自杀呢？”

“不必多说了，我李陵不死，哪能算是壮士！”

李陵止住悲伤，召集所有的人，将仅剩的一点食物平均分给大家，要他们趁着黑夜逃命。

“你们快逃吧，否则天一亮，大家都没命了。”李陵说。

大家都抱住李陵痛哭，不忍心离开他。李陵再三劝导，他们才难过地离去。

但是校尉韩延年等十几个人，仍然继续留守。天快亮了，李陵不希望他们白白牺牲，只好继续找寻退路，但是已经来不及了，韩延年被杀，李陵被俘。

回到长安报信的陈涉，刚说完李陵一切顺利，接着就传来李陵投降的消息。武帝弄不清前方到底发生了什么事，陈涉知道武帝生气了，索性自杀了结自己。

李陵向匈奴投降？这简直是不可能的事。但消息传来，却是千真万确。满朝的大臣都不敢替李陵说情，怕惹武帝发脾气。

武帝正为李陵的事闷闷不乐，召太史令司马迁入宫，问他的意见。

“臣认为李陵遇到敌人的主力，是寡不敌众，并非贪生怕死。”司马迁说出他的分析。

“可是他也有五千人呀！难道一个都没留下？”

“贰师将军李广利有三万大军，如果能及时派兵支援，也许他就不会投降。”

“什么？你说李广利见死不救？”武帝脸色很难看，“照你这样说，朕给李广利三万人马，也错了吗？”

苏武被匈奴扣留，李陵又投降匈奴，武帝是个很好强的人，哪里受得了这种气！一肚子的火正没有地方发泄，便迁怒在司马迁身上，把他关入狱中，还罚他“腐刑”，就是除去生殖器官的严酷刑罚。

后来，汉武帝觉得对司马迁的处罚太重了，又将他放出。经过这次的羞辱，司马迁发愤写作，终于完成了中国最有名的史书《史记》。

武帝很思念李陵，天汉四年（公元前九七年），武帝又派李广利、公孙敖等人，分三路去打匈奴，结果大败。武帝关心地问公孙敖：“有没有打听到李陵的消息？”

“有。听说李陵很受匈奴的信任，正在替他们训练军队，准备将来跟汉军作战呢！”

武帝一听，简直气炸了，一怒之下，将李陵一家人全部杀死。李陵知道后痛哭流涕，从此真的归顺匈奴了。

后来，李陵遇见一位汉朝使者，便对他说：“我李陵只带了五千人，杀死匈奴多少人？粮食没有了，人死光了，我并没有对不起国家，为什么要杀死我全家的人呢？”

“有人听说你替匈奴练兵，准备攻打汉军。”

李陵气得直跺脚，说：“那是李绪，怎么会是我呢！”

想不到一字之差，造成了一件不幸的事件。

李陵听说他的好朋友苏武在遥远的北海牧羊，想去探望他，匈奴单于便要他去说服苏武归顺匈奴。李陵受不了全家被杀的刺激，早已无心再回朝，便答应去说服苏武。

苏武见了李陵，悲喜交加，两个人没开口，就先抱头痛哭。

多年没见，两个人有说不完的话，但是谈到最后，李陵喊着苏武的名字："子卿，我能跟你谈件事吗？"

苏武感到很奇怪，两个人谈了不知道有多少话了，怎么又突然冒出这句话。

"我们是好朋友，有什么不可以问的呢？"他惊讶地问。

李陵迟疑了一会儿，缓缓地说："单于要我劝劝你，这么荒凉的地方，待久了不好。"

"是他们让我来的呀！"

"子卿，"李陵知道苏武个性强，不敢马上提投降的事，"你在这里吃苦受罪，忠贞爱国，可是有谁知道呢？"

苏武摸摸光秃秃的节杖，不愿意谈这些问题，他转移话题，问李陵："你出来的时候，我家里怎么样？"

"唉！不提也罢。你走后，你哥哥、弟弟都死了。我出来时，你的母亲也去世了。"

李陵又想到自己不幸的遭遇，不禁流着眼泪："你的夫人也改嫁了。"

苏武听了很悲伤，他知道李陵全家被杀，比他的遭遇更可怜，反而安慰他："别难过了。"

"人生像清晨的露水，变化太快了，"李陵悲伤地说，

"我刚到匈奴时，还不是觉得对不起国家？可是，可是……天子也不问清楚，就杀了我的全家，我又怎能不心寒呢！天子老了、昏庸了，不问轻重对错，说杀就杀，一点情义都没有。子卿，听我的话，还是留在此地吧！"

苏武一杯又一杯喝着李陵带来的酒，说："我蒙天子厚恩，肩负着国家的使命，就是被砍头，也应该承受。我现在吃苦受罪，一点也不后悔，请不要再说了。"

李陵知道苏武的脾气，便不再提投降匈奴的事，一连几天，两人就单纯地喝酒谈天。临别时，李陵忍不住再问苏武："子卿啊！你真不肯听老朋友的劝吗？"

苏武知道此番李陵来劝降，并不是他的本意，所以心平气和地说："我早就下定决心了。如果你一定要逼老朋友做出不忠不义的事，那我就死在你的面前。"

李陵听了，忍不住大哭起来。"子卿啊！你是了不起的义士，我和卫律真是千古罪人……"

李陵知道劝不了苏武，便依依不舍地走了。

日子一天一天过去，一转眼又是好几年。李陵告诉苏武，汉武帝已经死了。苏武跪在地上，朝着南方一连哭了好几天。

算一算日子，从武帝天汉元年（公元前一〇〇年），到后元二年（公元前八七年）武帝死的时候，苏武已经在北海放羊十四年了。

武帝死后，新皇帝汉昭帝继位，匈奴跟汉朝又恢复交往，汉朝派人向匈奴要苏武。匈奴单于撒谎，说苏武早就死了。

汉朝使者知道这是假话，便对单于说："可是汉朝天子确实接到苏武的信，你别再隐瞒了。"

"信?"单于睁着大眼睛，非常惊讶。

"是呀！天子打猎，射到一只大雁，在大雁腿上绑了一封苏武的信，证明他并没有死，所以才派我们来迎他回国。"

单于很迷信，听汉使这样一说，只好承认苏武还活着，立刻将他从北海接回来。

苏武要回长安了。最开心，也最苦恼的人就是李陵。李陵摆下酒宴，为他的好朋友送行。

"子卿这次回去，替大汉宣扬国威，谁能比得上你呢?"李陵情绪激动地说。

"这是当臣子的本分，算不了什么!"

"不，历史上将会永远留下你的名字。"李陵眼睛哭得红肿："唉！要不是皇帝杀了我的老母亲，我李陵也不会投降匈奴啊!"

苏武看着眼前悲伤的老朋友，嘴唇不停地颤动，含着满眼的泪水，不知道该用什么话来安慰他。

李陵紧紧抱住苏武："子卿啊！子卿！只有你知道我的心，我们这次分开，怕是永别了。"

两个人喝了一杯又一杯，谁都不愿意先说再见。李陵弹着琵琶，唱了一首悲伤的歌：

径万里兮度沙幕，
为军将兮奋匈奴。
路穷绝兮矢刃摧，
士众灭兮名已隤。

老母已死，

虽欲报恩将安归。

骊歌一遍又一遍地唱着，李陵已泣不成声。

苏武只剩下常惠等九个人和他回长安。苏武不知道该是喜还是悲，也陪着李陵哭起来。

要启程了，苏武拿着光秃秃的节杖，脚步蹒跚地走着，银白的头发在阳光下闪闪发光。李陵送了一程又一程，最后才不得不分手。

苏武回到长安，汉昭帝封他“典属国”的官职，负责管理和外族交往的事务；又赏给他公田、银钱和住宅。十九年来，苏武虽吃了很多苦，却换来了千秋万世人们对他的景仰，给国人留下坚贞爱国的典范。

第五章

汉武帝的晚年

◎巫蛊之祸

◎皇帝之死

◎霍光辅政

巫蛊之祸

汉武帝为开拓疆域，花了不少心血，但是繁忙中也有轻松的一面，他喜欢到各地考察，举行盛大的祭天封禅典礼，彰显当皇帝的威仪，并且宣扬国力的强大。另外他喜欢良马，也喜欢音乐。

李延年是个有名的乐师，每次创作了新歌曲，都先演唱给武帝听。这天，他在甘泉宫请武帝欣赏他的新作品。一群经过精心挑选出来的歌妓，边跳舞边高唱：

北方有佳人，绝世而独立。

一顾倾人城，再顾倾人国。

宁不知倾城与倾国，佳人难再得。

武帝听了拍手叫好之余，又感叹地说："人间哪有这种美人呢？"坐在武帝旁的平阳公主小声地告诉他："有啊！"

武帝以为她在开玩笑，回头对她笑着说："恐怕只在天上有吧！""不。李延年的妹妹长得就跟天仙一样，而且擅长唱歌、跳舞。"

武帝不相信地摇摇头，平阳公主又说："真的很美，陛下不信可以召她入宫看看。"

演唱完了，武帝给李延年奖赏，顺便问他妹妹的情形。不久李延年就带他妹妹进宫，果真美如天仙，武帝因此将她留在宫中，称她为李夫人。

自从李夫人进宫后，皇帝便冷落了卫皇后，因为现在她已经不是当年年轻貌美的卫子夫了。

卫皇后每次问宫女："皇帝呢?"

宫女总是回答："在李夫人那里。"

卫皇后对着镜子，看着自己苍老的脸，心中有说不出的无奈。她缓缓走到窗前，看着窗外盛开的花朵，顿时觉得每朵花好像都在嘲笑她又老又丑。

"砰!"卫皇后关上窗子，闭上眼，不照镜子，不看花。她知道自己老了，皇帝不再喜欢她了。想起过去她受宠封为皇后，弟弟卫青当大将军，外甥霍去病当骠骑将军，封为冠军侯，连她的侄子都封了侯。卫家的人全靠她封侯封王，那真是卫家最显赫的时候。回想过去，耳边似乎又响起当时流行的一首歌谣：

生男无喜，

生女无悲，

君独不见卫子夫。

至于因貌美而受武帝宠爱的李夫人，却是个病美人。她身体不好，又常常生病，生下儿子后，就更虚弱了。

她经常以身体不适避而不见皇帝的面，因为不想让皇帝看到她满脸病容，后来病重了，她只能鼓起勇气，勉为其难地和皇帝见面。

"陛下，臣妾活不久了，舍不得离开陛下，更舍不得孩子啊!"她有气无力地说。

"你放心，他也是朕的儿子，我会好好照顾他。"

李夫人又哭着说："臣妾那两个哥哥，也请陛下多多提拔。"

“这个你放心，朕不会忘记的。”

不久，李夫人死了。武帝赐李夫人的哥哥李广利为贰师将军，封为海西侯；封李延年为协律都尉。

李夫人虽已不在人世，武帝却对她念念不忘，日夜思念使他精神日益萎靡。武帝老了，也很迷信，他听说有个方士，叫齐少翁，可以作法召来李夫人，武帝便命他入宫。

这天夜里，稀稀落落的星星依稀挂在宫殿的檐角，像是黑夜中窥视的眼睛，诡异得让人害怕。方士在庭院中搭好帷帏，摆好祭品，点上蜡烛，让武帝坐在离帷帏有一段距离的地方。片刻，烛光一闪一灭，半明半暗中，帷帏上隐隐约约显出一个美人的影子，那影子和李夫人有些相似，但不等武帝看清楚，影子又消失了。

武帝不看还好，看了之后心情更坏，更加思念李夫人。每当日影西斜，他在李夫人的画像前一站就是半天。

一天，武帝抛开国家大事，抛开思念的情绪，带了几个随从到郊外去散心。大地一片碧绿，到处都是欣欣向荣的景象，武帝边走边浏览，觉得心情舒畅多了。路过河间这个地方时，有个看风水的人说，这附近有个姓赵的女子，长得比李夫人还漂亮。武帝一时好奇，就叫人在村里查访，结果真地找到一名美女。只是听说她打从出生起，双手就紧紧握拳，从没打开过。武帝觉得很奇怪，决定亲自去那个人家看看。

武帝轻轻拉了拉那美女的手，说起来真不可思议，她居然两个拳头都放开了，手心露出一对小小的玉钩。武帝很喜欢她，立刻带她进宫，称她为钩弋夫人。

有了钩弋夫人取代李夫人，武帝整天陪伴不忍离开。钩弋夫人生下一个儿子，名叫弗陵，大家叫他钩弋太子。这时的武帝已经六十三岁，所以特别疼这个最小的儿子。不幸，这时候宫中发生了巫蛊（gǔ）事件。

汉武帝有了李夫人后，就不再理卫皇后。李夫人死了，又有了钩弋夫人和钩弋太子，汉武帝对李夫人生的孩子昌邑王刘髆（bó），以及李夫人的哥哥李广利和李延年都渐渐冷淡。卫家和李家的人从此明争暗斗，想抢夺皇位的继承权。

在武帝统治下的帝国虽然疆域扩大了，大汉声威远扬，可是随着岁月的老去，武帝对死也越来越恐惧，他想要永远当皇帝。他像秦始皇一样，希望长生不老，于是到处求仙问卜，找寻仙丹。有些江湖术士摸清武帝的心理，想出各种方法骗他，因此才有“巫蛊案”。

道士们花钱买通宫里的人，得以自由地在宫中进出。那些常年住在后宫的嫔妃们，生活本来就很枯燥，一两年也见不到皇帝的面，见到皇帝喜欢找道士算命，大家也都一窝蜂跟着请些巫师到后宫去。

求仙算命本来就靠不住，可是那些江湖道士的嘴巴巧，能言善道，教那些宫女后妃埋小木头人，说这样做可以诅咒不喜欢的人，而且可以得到神明的保佑。一天，武帝在宫中打瞌睡，迷迷糊糊中看到满天的小木头人手拿棍子从四面八方朝他打来，把他打得像泥巴般瘫软在地上。武帝大喊救命，从梦中惊醒过来。

武帝身边有个臣子叫江充，他是个心狠手辣的人，但武帝看他长得高大体面，竟很器重他，把他带在身边。江充仗着自己受皇帝喜爱，就到处作威作福，丝毫不把朝廷里的官员放在眼里。

武帝自从做了噩梦后，就开始精神恍惚，坐立不安。江充假惺惺地给皇帝请安，他弯着腰，一脸谄媚地问："陛下的龙体好些了吗?"

皇帝摆摆手，叹了一口长气说："我打了一辈子的匈奴都不曾恐惧，想不到被一群小木头人给吓破胆。"

"小木头人?"

"是呀！我被一群小木头人打了一顿，你说可笑不可笑?"

武帝把梦中的情形说了一遍。

江充立刻紧张兮兮地说："陛下，会不会有人在背地里下诅咒?"

"诅咒朕?"

"对！这可能是巫蛊作祟。"

"好！你帮朕去查查，看谁诅咒朕。"

江充有了武帝的指令当靠山，就带着几个巫士，大摇大摆地到处去挖小木头人。凡是他认为有嫌疑的，也不详加审问，就处以炮烙刑罚，一口气处死了数以万计的人。

江充本是个心胸狭隘的小人，得势后，只要曾经和他有过嫌隙的人，他都伺机报复，其中又以卫皇后的儿子刘据，最令他憎恨。刘据原本很受武帝疼爱，只因他常劝武帝不要打仗，加上有人挑拨，所以武帝也越来越疏远他了。

江充担心武帝一死，太子刘据继承王位，那时可能饶不了他，所以更加离间他们的父子之情。

他故意告诉武帝："陛下，微臣认为宫中的蛊气太重，可能小木头人就藏在宫中。"

武帝想也不想，便答应江充在宫中搜查。

卫皇后自从武帝冷落她后，就跟太子刘据深居在后宫。想不到祸从天降，这一天，江充带领一批人到处挖掘小木头人，最后找到太子住的地方。

“你要干什么？”太子刘据问。

江充非常傲慢，从头到脚打量着太子，说：“我奉皇帝命令来的。”

江充把手一挥，命人在太子的住处翻箱倒柜，把所有的地方都彻底查过一遍。

太子刘据额头上直冒青筋，气愤地说：“你……你简直是无法无天！今天饶你一命，还不快走！”

“走？”江充眉毛一抬，冷笑着。

“不是都搜过了吗？不走还待在这里干什么？”刘据怒气冲冲地说。

但是江充压根不理会，反而大声嚷嚷，喊道：“来人呀！开始挖！”

江充命人开挖太子宫殿的地面，这下刘据实在按捺不住怒火，大声吼着：“住手！”

“你敢阻止我？”江充不屑地说，“我奉了皇帝的圣旨，你敢！”

太子一怒之下，拔出剑将江充杀了。

武帝听到太子杀死江充，非常生气。“这是要造反吗？”

他即刻派兵去抓太子。太子刘据被逼得走投无路，派人假冒使臣，下令打开兵器库，调动宫中兵马加以抵抗，于是长安城大乱。

武帝增派大批人马，由最亲信的田仁、任安把守城门，防止太子逃出城。太子的兵马越来越少，退无可退，逃到城门处，他流着泪对田仁说："田卿，江充太欺负人了！"

田仁知道这次大祸全是江充惹出来的，而且后面追兵就要来了，他很同情太子，便打开城门说："太子请多多保重。"

太子虽逃出城，追兵并没有放过他，到了一处农家，他知道再也躲不过了，便自杀而死。

卫皇后知道儿子死了，悲愤中也选择了却自己，儿媳妇和孙媳妇也随同奔赴黄泉。武帝抓不到太子，又追到后宫卫皇后的住处，可是一家人都死了。

看到亲人全倒在地上，只剩孙媳妇的身边还有一个哇哇大哭的婴儿，武帝情绪十分激动。他将曾孙抱在怀中，呆站了许久，想着什么似的，最后才缓缓说："把他送到掖庭去。"

掖庭是宫里罪犯住的地方。

这个幸免于难的小孩长大之后，就是汉宣帝。

江充仗势欺人，大家敢怒不敢言，但武帝一直被蒙蔽。想不到用一个小人做事，不但害死太子，也死了好多无辜的大臣，所以案子一平静下来，各地受害的人纷纷向皇帝告状，诉说他们所受的冤屈。武帝很后悔，但是已经太晚了。

皇帝之死

经过一场巫蛊之祸，武帝显得更加苍老，银白的头发在斜阳余晖照射下透着亮光。

太子死了。

卫皇后死了。

李夫人死了。

大将军卫青、霍去病也死了。

武帝在甘泉宫中，回忆着他显赫的功绩，想当年乘坐骏马巡视塞北，看着天苍苍、野茫茫，风吹草低见牛羊的景象，史上有谁能与他比拟？

但是，眼看自己一天比一天老迈，身体健康也每况愈下，现在，最令他头疼的问题是谁来继承帝位呢？

在几个儿子当中，武帝最喜欢钩弋夫人生的儿子弗陵，但是将王位交给他，多少还是有些顾虑。

武帝双手捧着钩弋夫人的脸，细细地端详。

钩弋夫人忍不住问：“陛下，今天为什么这么看臣妾？”

武帝松开手，长长叹了一声。

“陛下，怎么啦？”

武帝突然瞪圆了眼，吓得钩弋夫人直往后退。

“来人啊！将她拿下。”他大声下令。

护卫愣住了，不敢动手，以为皇帝只是心情不好，随口发脾气。

武帝又喊："快呀！把她关进牢里。"

护卫这时确定皇帝并非戏言，才欺身靠近。钩弋夫人浑身发抖，跪在地上求饶，武帝并不理她，等人将她带远了，才转头看着她美丽的背影。

后来钩弋夫人不明原因地死在狱中。武帝向左右大臣打听："可有人说闲话？"

"有！有人质疑，陛下既然喜欢弗陵，为什么还要杀他母亲呢？"有大臣回报。

"你们这些人心太软了，缺乏远见，"武帝捋（lǚ）着稀疏的胡子，有感而发地说，"回头看看过去，年幼的太子继位，都是由年轻的母后掌政，结果闹出一些风风雨雨的是非。朕这样做，是为了根除后患。"

大臣听了，有的表示理解，有的不作反应，没有人敢说杀了钩弋夫人这件事到底对不对。

武帝并不是厌恶钩弋夫人，他杀害她，是经过长久的考虑。他年过六十，弗陵太子却只有五岁，要想亲眼看他长大，并不容易。

五岁的小孩子能当皇帝吗？武帝早想过了。周朝武王去世时，成王还很小，由武王的弟弟周公帮助成王管理国家大事。成王长大了，周公将国政交还给成王。在中国历史上，"周公辅政"成为一段佳话。

在武帝的臣子当中，他最喜欢的是霍光和金日䃅（mìdī）。

霍光是骠骑将军霍去病的弟弟，从小在宫中长大。金日䃅是匈奴休屠王的儿子，霍去病攻打匈奴时，休屠王被杀，他把金日磾带回长安扶养。刚进宫时，金日磾年纪很小，经过调教，长大后被派去上林苑照顾马。武帝最喜欢马，看他把马养得又肥又壮，所以把他留在身边。

霍光很沉着，是个很可靠的人。为了辅政人选，武帝首先想到霍光，便召他进宫。

武帝拿了一幅画给霍光，说："你看，这幅画怎么样？"

霍光一瞧，原来画的是成王小时候，周公背着他上朝的情形。

"你看得出画的是谁吗？"武帝问。

"陛下，这不是'周公负成王'吗？"

武帝捋了捋胡须，笑得很开心。"那就送给你好了，把这幅画挂在家里，有空就看看。"

霍光谢过皇帝，把画带回家挂起来，每天有空就仔细端详，可是他并不了解皇帝为什么要送他这幅画。

武帝忍心害死美丽的钩弋夫人，是为了让弗陵继承王位，没想到却引起李夫人的儿子昌邑王刘髆的不满。

昌邑王碰到舅舅李广利和李延年，满腹牢骚地说："太子刘据死了，皇上不喜欢燕王和广陵王，本来该轮到我继承王位的，想不到让五岁的弗陵抢走了。"

"皇上只是说说，还没决定啊！"李延年安慰外甥。

"别这么乐观！"李广利提出相反的看法。

"舅舅的意思是说，弗陵一定会继承王位了？"

李广利拍拍昌邑王的肩膀，痛惜地说："不要担心，我是你舅舅，一定会帮你的。"

"有了钩弋太子，父王连看都不看我一眼，跟过去完全不一样。”昌邑王满腹委屈地抱怨。

“皇帝应该会把位子让给你。”李延年个性比较谨慎，一直劝外甥往好处想。

李广利向来是火暴脾气，他冲口说出：“哼！等逼急了，我会率军把甘泉宫包围起来！”

“嘘，小声点，”李延年担心有人听见，会把话传出去，“千万不能用武力。”

“不动武行吗？”

“没有玉玺（xǐ）就当不成皇帝，只要我们想法子夺得玉玺，事情不就解决了吗？”李延年建议。

昌邑王刘髆虽然心里不高兴，可是并没有想要抢夺王位的意思，听了舅舅们的话，心里不禁打个寒战。

李广利觉得李延年的话很对，同意抢夺玉玺的计划。

没想到他们的阴谋不小心泄漏了出去，派去的士兵正要夺取玉玺时，反而中了武帝设下的圈套。

李广利眼看情势不对，带着大军投奔匈奴，不料匈奴不但没有收留他，反而将他杀了。

不愉快的事一件跟着一件发生，武帝苦闷极了。经过李广利的事件，更加强他把帝位让给弗陵的决心。

“可恨的江充！要不是他，太子刘据也不会死，朕也就不必为继承人的问题烦恼了。”武帝十分懊恼与悔恨。

霍光站在武帝身边，看着他的眼泪落下来，便关心地问：“陛下又想念太子了？”

“我也有感情啊……”武帝抑制不住地痛哭。

“陛下累了。”

霍光扶着武帝坐下来。

“你过来，我有话跟你说。”武帝向霍光招招手。

想不到武帝今天这么真情流露，实在不像皇帝。

“你还记得太子劝过我的话吗?”武帝擦干眼泪问。

“记得。”

“唉！三次祭祀天地的封禅（禅，音shàn。封禅，是古代帝王祭祀天地的大典，在泰山祭天称作封，在泰山下的梁父山祭地称作禅）大典，确实很浪费。为了打匈奴通西域，也花了不少库银，太子说得没有错啊!”

“陛下，过去的事就算了，别再想它，请多保重。”

“人总会犯错，可惜我老了，想要忏悔都来不及了。”

“陛下雄才大略。如果不是陛下，哪里有今天的大汉国威呢?”

“算了！算了!”武帝摇摇手，“雄才大略又如何呢！有些事情现在回想起来，连朕都觉得很愚蠢。”

霍光站在一旁，不知道该如何安慰他。

武帝后元二年（公元前八七年），有一天，武帝召集诸侯大臣，带着弗陵出巡。到了陕西扶风，武帝竟病倒了，病情一天比一天严重。

霍光和金日磾两人日夜不离地看守着。武帝知道自己的日子不多了，勉强睁开眼睛，无神地看着四周。

“朕不行了。”

霍光跪下来说：“陛下，如果……陛下不幸，谁……谁……”

武帝打起精神，硬撑起眼皮说：“你忘了朕给的那幅画吗?”

“微臣没忘。”

“那你该懂那幅‘周公负成王’的意思呀!”

霍光一连磕了几个响头，他了解武帝要他像周公一样，全力辅佐年幼的弗陵当皇帝。

“微臣了解陛下的意思，不过……”霍光有意推辞。

“朕立弗陵，你就是周公啊!”

“微臣能力不如日磾，怕做不好。”

“不!”金日磾听霍光提到他，很惶恐地跪下来，说，“微臣是外邦人，由霍光辅佐才名正言顺。”

武帝像一根快燃烧完的蜡烛，已接近生命尽头。他眼中充满乞求，枯干的脸上布满了皱纹。他无力地拉起弗陵太子的小手，将八岁的他交托给霍光。

“呜……”

在场的人也都忍不住哭了。

武帝封霍光为大司马，封金日磾为骠骑将军。王位继承的事都安排好了之后，他轻轻合上眼，眼角沁出泪水。历史上伟大的汉武帝，就这样离开了人间。

弗陵继承帝位，就是汉昭帝。

霍光辅政

汉武帝十六岁当皇帝，七十岁过世，在位五十四年间轰轰烈烈建立了一个国威远播的王朝。临死却只能将王位交给一个八岁小孩，一辈子雄心万丈的武帝，怎么会放心呢？所以他将大任托付给大司马霍光，由他辅佐小皇帝治理国事。

霍光个子很高，留着一撮白胡子，表情严肃，从外表就看得出是个做事谨慎的人。武帝常跟霍光提起太子刘据劝他不要打仗的事；一方面他觉得封禅大典和打仗确实耗费国力，一方面也暗示霍光要让人民休息，不要再浪费国家财力。霍光将那些话听进去了，因此在他的辅佐下，大汉的国势没有受到影响，人民都能安居乐业，过着太平日子。

弗陵当上皇帝，最不服气的是燕王刘旦。在武帝的几个儿子中，刘旦的年纪最大，却常会做些不守法的事，也正是这个原因，才当不上太子。汉昭帝一即位，刘旦就结合朝中大臣上官桀（jié），不时扯霍光的后腿。

转眼间，昭帝十四岁了，虽不算成熟却也多少具备分辨是非善恶的能力。皇帝不断听到一些闲言闲语，便恭敬地问霍光：“有人说你闲话，要弹劾你，你知道吗？”

“微臣该死。”霍光赶紧跪在地上。

“没事没事，起来吧！”昭帝将霍光扶起：“别担心，大将军是父王的亲信大臣，朕不会听他们乱讲的。”

小皇帝不但没听那些闲话，反而更信任霍光。

可惜昭帝身体不好，才二十一岁就过世。昭帝没有儿子，大臣们讨论后，霍光提出由昌邑王刘髆的儿子刘贺继位，他是李夫人的孙子。十八岁的刘贺不务政事，整天只知玩乐，当了二十七天皇帝，霍光就把他拉下，改扶持武帝的曾孙刘病已即位，这就是汉宣帝。那年是本始元年（公元前七三年）。

霍光仍然忠心耿耿地帮助新皇帝治理国事。

汉宣帝小时候的遭遇很悲惨，因为汉武帝信任江充，让江充在巫蛊事件中逼死太子刘据，连卫皇后和其他家人都被迫自杀了，仅留下当时还没满月，躺在母亲怀里没被杀死的刘病已；有人把他交给长安监狱里的女罪犯抚养。

武帝临终时情绪很不稳定，有个看风水的人对武帝说，长安的监狱中有天子的气象，武帝下令要杀掉所有的犯人。有个好心的廷尉叫邴（bǐng）吉，很同情这个小孩，于是悄悄把他送给他的外祖母抚养。刘病已后来改名刘询，十八岁时已长得相貌堂堂，很有男子气概。刘贺被拉下王位后，霍光突然想起他，便把他找回来即位，当上皇帝。

宣帝对大将军霍光虽然有些畏惧，但表面上还是很尊重他，朝中的大小事都先让他知道。上朝的时候，霍光站在皇帝背后，宣帝动也不敢动一下，好像背上扎了一根刺。我们常说“芒刺在背”，就是由这里来的。

大将军霍光忠心为国，由于管的事太多，无形中权力也越来越大，他的弟弟、女婿、外孙都在朝中有了官职。

霍光在地节二年（公元前六八年）去世后，汉宣帝才真正掌权。由于宣帝从小在民间长大，所以非常清楚民间疾苦，做事也很认真，每五天一大朝，三天一小朝，亲自督导大臣，让他们发表意见。他奖赏有功的人，惩罚犯错的人，也督促地方官要确实为老百姓谋福利。

汉宣帝称得上是个好皇帝。

霍显是霍光的第二任妻子，城府深，心眼多，霍光在世的时候，她就曾经为了让自己的女儿嫁给宣帝，而害死宣帝的妻子许皇后。霍光死后，她仍然胡作非为，想要杀害天子，立自己的儿子霍禹为帝，结果事机泄漏，连同杀许皇后的事也一并被揭露。宣帝得知消息，非常愤怒，下令把除了霍皇后以外的霍家人，大大小小几十口都处以死刑，霍光一辈子累积的声望也从此结束。

汉宣帝身边有很多能干的大臣，许多武帝时期该做没做的事，统统在宣帝手中完成了。宣帝平定西羌，设立西域都护等重大事件，在历史的纪录上，可以说和武帝伐匈奴同等重要。

仁厚爱民的宣帝，眼看匈奴单于呼韩邪投降，西域各国在赵充国的征服下，都顺从大汉。宣帝满怀感激，于是在未央宫挂了霍光、赵充国等人的画像，随时提醒自己，不要忘记那些为国效劳的大臣。

黄龙元年（公元前四九年）的冬天，未央宫发生一场大火，宣帝受到惊吓，从此一病不起，四十八岁那年便去世。他的儿子刘奭（shì）继承帝位，称为元帝。

元帝在位的时候，国家仍然太平。竟宁元年（公元前三三年），匈奴王呼韩邪单于到长安，表明想娶汉朝的公主为妻，自愿做汉朝的女婿。

过去的和亲都是以宗室亲族的公主嫁匈奴单于，现在匈奴既已投降，元帝决定不再让公主下嫁，改选宫女和亲。

元帝翻阅宫女的画像名册，看到一名长相不出色的女孩，就在她的名字上用笔重重一勾，确定中选，并派人准备出嫁的事宜。

婚礼那一天，宫里好不热闹。即将出嫁的女子精心打扮来到皇帝面前，向皇帝辞行。元帝一看愣住了。

“你是……”元帝不由得站了起来。

“小女叫王嫱（qiáng）。”

“王嫱？”

元帝心想，那天他勾选的女孩明明不出色，怎么眼前的女孩会这么漂亮呢？

元帝困惑地问她：“你进宫多久了？”

“好几年了。”

此时，元帝很困扰，他很想留下王嫱，却又担心惹恼匈奴王，只好眼睁睁地看着她被送走。

回到宫中，元帝再翻看宫女画像，画中的王嫱确实姿色平庸。到底是谁把她画丑了呢？

“这是谁画的？”

元帝将宫女的画像名册往地上一扔，立刻下令追查。后来辗转得知，原来一名叫毛延寿的画工，只因为王嫱没有送钱给他，就故意将她画丑，好让她永远不被皇帝看上。

汉朝选妃的时候，都要先画一张像送给皇帝看，皇帝满意了才送进宫。毛延寿是当时很有名的画工，想送女孩进宫的人家都得先给他一些钱，请他把自家的女孩画得美一点。

王嫱又叫王昭君，性情很直率，她认为自己本来就长得美，坚持拒绝贿赂画工。毛延寿不高兴，就将她画成了一个丑女人。

元帝知道了很生气，于是下令杀了毛延寿。不久，元帝也死了。

后来，这个漂亮的女子王昭君，竟老死在荒凉的沙漠地方。她死后，坟上的草长得特别青绿，跟其他地方的草都不一样，所以后人称她的坟为“青冢”。

汉朝从元帝开始，渐渐走下坡，因为汉元帝太信任宦官弘恭、石显，加上外戚干涉朝政，政治陷入黑暗。经过成帝、哀帝到平帝，很长一段时间，朝政大权不是在外戚的手中，就是宦官弄权，最后因为王莽篡汉（公元八年），自立国号新，西汉就灭亡了。

第六章

王莽篡汉

◎外戚争权

◎饥民抗暴

◎昆阳大战

外戚争权

汉朝从汉武帝建元元年起，到汉宣帝黄龙元年（公元前一四〇—前四九年），大约一百年，这是汉朝的黄金时代。汉宣帝一死，汉朝就开始走下坡了。

宣帝为了报答外祖母的史家，和妻子许皇后的许家两家的养育恩情，造成外戚干政；又因宠信宦官石显和弘恭，将朝廷机要的事都交给他们处理，造成宦官擅权闹事。宣帝死后，紊乱的政权交给优柔寡断、生活荒唐的元帝，更加深了外戚王氏家族玩弄权力的机会。元帝的时候，石显的权力最大。元帝一死，石显失去靠山，外戚争权演变得更厉害。这些都是因为元帝贪图玩乐的缘故。元帝之后的成帝生活更糜烂，他废了许皇后，迷恋赵飞燕姐妹。宫中有人要争宠，有人要抓权，明争暗斗，把整个大汉江山搅得乌烟瘴气。

成帝比他父亲元帝更信任外戚，把国家大事交给母亲王皇后的兄弟处理，不但舅舅王凤掌握了朝政大权，其他的七名舅舅也当了大官。成帝死后，由侄子刘欣继位，就是哀帝。哀帝死后，由九岁的平帝继位，朝中的事仍然交由王皇后掌管。依照辈分，王皇后是平帝的曾祖母，平帝尊称她为王太皇太后。实际上，所有的权力都在大司马王莽的手里。

王莽的权力为什么那么大呢？

王莽的父亲早逝，从小由姑母王皇后带大。王莽小时候就很聪明，懂得讨好人，因此姑母很宠爱他。王莽能够由大司马爬上皇帝的宝座，全靠姑母的关系。

王皇后有八个兄弟，其中王莽的父亲王曼死得早，其他几个兄弟是王凤、王谭、王崇、王商、王立、王根和王逢时。王皇后和王凤、王崇是同一个母亲生的，感情特别好。王凤被封为阳平侯，官位是大司马、大将军又是尚书事，这在当时是权力最大、地位最高的官了。王崇则被封为安成侯。

成帝建始三年（公元前三〇年），老丞相匡衡年纪大了，由成帝的舅舅，也就是王太后的哥哥王商当丞相。王商一上任，在一天之内就封王谭、王根、王立、王逢时等五个兄弟为侯，这时，朝中上上下下都是王太后娘家的人。

"一日五侯"是过去从来没有过的事，有些大臣看了很气愤，却敢怒不敢言。

大司马王凤还算能干，交游广阔，也培养了很多手下，虽然大权在握，朝政的管理都算得宜。后来王凤染上重病，临死前要求成帝让王音当大将军，成帝答应了，王凤觉得很安慰。

这时他又想起从小没父亲的侄子王莽。

"你过来。"王凤向站在墙角的王莽招手。

"大伯，有事吗？"王莽恭敬地站到王凤面前。

王凤拉着王莽的手，悲伤地说："我病了之后，你白天晚上都在身边伺候我……"

"大伯，这是侄子应该做的。"王莽跪了下来。

王凤转头恳求成帝说："陛下，这个孩子很可怜。父亲死得早，臣把他托付给陛下了。”

算起来王莽是成帝的表弟，成帝当然答应了。但是王莽向成帝行礼的时候，成帝仔细看他的相貌，大嘴巴、短下巴，一只通红的大眼睛，说起话来声音又沙哑，真不知道舅舅喜欢他哪一点。成帝把脸一扭，实在不想再多看他一眼。

不久，大将军王凤死了，成帝依照舅舅的嘱咐，封王音为大司马、车骑将军，让王莽当黄门郎（伺候皇帝的官）。后来王莽又当上射声校尉（管理卫兵的官），接着受封为新都侯，官位一步步高升。

这些都是在成帝永始元年（公元前十六年）的事。

三年后，王音死了，由王莽的伯父王根专权，王莽也当上大司马、骠骑将军。看着刘家江山片片瓦解，却没有任何大臣敢提出谏言。

这时候，黄河泛滥成灾，朝廷不顾百姓安危，也不实施救灾工作，无家可归的灾民被逼得走投无路，索性造反。

成帝并不把这些事放在心上，在宫里玩得不过瘾，还穿上老百姓的衣服，带着十几个人，出宫玩耍。一天，他在阳阿公主家，看上一名体态轻巧得像燕子，人称赵飞燕的歌妓，没想到后来见到赵飞燕的妹妹后，觉得妹妹竟比姐姐更美，于是把这对姐妹一起带进宫，从此许皇后就被冷落了。不到两年，赵飞燕当上皇后，她的妹妹也受封为昭仪。

成帝有了这对姐妹花，更有理由不管事，整天耗在昭阳宫里玩乐。

他很得意地告诉左右的人：“有了这个温柔乡，我们的老祖宗孝武皇帝干吗还要白云乡？白云远在天边，碰都碰不到，我这个温柔乡可就在眼前，我情愿老死在这里，也不要什么白云乡。”

昭阳宫里装潢得富丽堂皇，白玉石阶，黄金门槛，屋子里悬挂的夜明珠，把夜晚照得通亮。

一天，成帝和赵飞燕坐船游玩。赵飞燕在船上翩翩起舞，一阵风来，扬起她的衣服，差点把轻盈的她给吹走。成帝一时情急，伸手抓住她的衣服，只听“嘶”的一声，竟将赵飞燕的裙子撕破了。

“幸好皇上拉住臣妾，否则臣妾就飞到天上成仙了。”赵飞燕躺在成帝怀里撒娇。

这件事传开后，宫里的女人为了学赵飞燕，都把好好的裙子剪个缺口，取名叫“留仙裙”。

成帝只顾享乐，他的舅舅大司马王根又生病，因此国家大事就全落到王莽手上。当年王莽才三十八岁。

成帝的生活太荒唐，绥和二年（公元前七年）的某一天，也许是玩了一夜太累了，清晨醒来，两眼发黑，栽了一个跟头，就暴毙了。赵飞燕虽然漂亮，却没有生小孩，于是由元帝的傅昭仪的孩子刘欣即位，后人称为汉哀帝。

哀帝对他祖母傅太后很孝敬，为了制衡王家的权势，也开始封自己的亲戚为官。傅太后本来就和王太后不和，孙子当上皇帝后，立刻设法把王太后赶到后宫；王莽也同时辞职回家。

哀帝身体很不好，只坐了六年的皇位就一命呜呼，被禁闭在后宫的王太后又大摇大摆地出来了。她先逼死掌权的大司马董贤，再夺来玉玺，立汉元帝九岁的孙子刘衎（kàn）为皇帝，也就是汉平帝，并恢复王莽的职位。朝廷大权几乎都操在王太后手中。

之前的王莽很会伪装，生活过得很简朴，重新掌权后，一切都变了，凡是他看不顺眼的，都被他排挤，自己想要做的事全交由心腹处理，一步步显露出他掌权的野心。

王莽相当迷信，大臣为了逢迎他，就暗地里要人从蛮夷地方送来一只白雉（zhì，通称野鸡，有的地区叫山鸡）、两只黑雉，并说："白雉代表吉祥，会给国家带来好运；蛮夷献白雉给大汉帝国，是王莽的功劳，应该给他升官。"

王太后决定封王莽为安汉公，王莽却装病。有人来看他，他就故意忧愁地说："我怎敢一个人受封？内心实在不安。"

大家才了解王莽原来担心一个人受封，会被众人排挤，于是王太后又多封了几个人。

王太后渐渐老了，就将大权交给王莽。这时候王莽的地位和皇帝已没什么两样。

元始三年（公元三年），平帝要选皇后。在呈给皇帝看的名册中，有很多王家的女孩，偏偏王莽的女儿不在其中。

一些想讨好王莽的大臣，就一起禀告王太后说："安汉公的功劳那么大，皇帝要选皇后，安汉公的女儿没有参加，怎么成呢？"

王太后考虑后，答应让王莽的女儿参加皇后评比。王莽装出羞愧的样子，心里却很高兴。最后她女儿果然当上皇后。

那年平帝十三岁，皇后十四岁。

汉朝官衔最高的是三公。朝中那些谄媚的小臣又集体上奏，认为三公还不够大，请求王太后加封王莽为“宰衡”，这官名是他们创造出来的，权势比三公更高。而且，连王莽的两个儿子也封了侯。

王莽官阶越高对姑母也就越巴结，总是设法讨王太后欢心，让王太后继续给他更大的权力。王莽为了表示重视读书人，在长安盖了好多房子当讲堂。除了五经博士之外，又增设乐经博士，凡是有才艺的人，都用很厚重的礼请到京城来。

那些只知逢迎王莽的人，又抓住拍马屁的机会，说王莽做事比古代的周公还要能干。周公辅佐成王花了七年，现在安汉公辅佐平帝只花四年，就将国家治理得很好，功劳很大，应该加封。

想想看，王莽现在的地位已经在三公之上，还有比这更高、更大的官位吗？王太后最后只好将国家最崇高的“九锡（古代帝王赐给有大功或有权势的诸侯大臣的九种物品）荣典”赐给他。

“九锡荣典”是天子赐给大臣最高的荣典。王莽知道，他如果马上接受，会遭人批评，所以故意推辞，背地里却又发动各地官吏，动员了四十八万人，一起颂扬他的功劳。王太后听到传言中的赞颂，感到很满意，就在汉平帝元始五年(公元五年)，举行加封王莽的九锡大典。

平帝长大后，知道他并不是刘家的后代，而是一名宫女生的；他之所以能称帝，完全是王莽想利用他来掌握权势而已。王莽怕机密泄漏出去，就将这名宫女杀死。平帝知道后非常气愤，背地里不断咒骂王莽。

王莽听说平帝在背后咒骂他，担心事情张扬出去，会发展到无法收拾的地步，就打算杀害平帝。

按照辈分，平帝是他的女婿，王莽不该这么狠心，可是为了个人的利益，他是不会被温情左右的。

元始五年的腊月，按照习俗要吃椒酒。王莽暗中在酒里下了一种慢性毒药，让平帝喝了中毒，慢慢死去。

平帝体内的毒性越来越重，王莽装模作样地哭哭啼啼，并仿效周公祈求上苍保佑，表示他愿以自己的性命代替平帝一死。祈祷完还将祈祷文放在金盒子里。其实这时候平帝早已经断气了。王莽下令全国的官吏穿孝服三年。

王莽为了满足自己的野心，又不想给人太明显的话柄，他刻意不立刘家后代的成人为皇帝，偏偏立只有两岁大的子婴为王，还学周公辅政；其实他就是实质的皇帝。

一天，长安附近有个叫孟通的人，从水井中捞出一块白石头，上面圆，下面方，正面刻着篆文："告安汉公莽为皇帝。"

这块石头一出现，立刻引起大家的注意，一致认为是老天爷的旨意，王莽注定要当皇帝。

王太后知道了，气得大骂："荒唐！荒唐！这种事怎么能相信?"

王太后虽然事事护着王莽，可是她终究嫁给了刘家，所以对这件事非常不高兴。

王舜是王莽的心腹，他告诉王太后："这是上天的意思，人怎么能违反天意呢？再说安汉公根本没有要当皇帝的意思，只是顺应人民的请求，帮助天子治理国家罢了。这没什么不合理啊!"

王太后想想也很有道理，一个两岁的小孩即位，不能没有人辅佐；自己年纪又大，也管不了那么多事，只好答应了。

王莽的心腹听说王太后答应让王莽暂代天子朝政，都高呼万岁。于是，王莽依照天子登基的仪式，坐上摄皇帝的宝座，并且改年号为居摄元年（公元六年）。

王莽做得太过分了，引起刘家的拥护者不满。东郡太守翟（zhái）义眼看汉室落到王莽手中，便立刘信为帝，并四处联合刘氏的后代起来反抗。

不久，长安城被十几万刘氏大军包围，城外烧起大火，火光照得未央宫有如白昼。王莽手里抱着小皇帝，跪在地上向老天爷祷告。

两岁的小皇帝在王莽的怀里，小脸蛋被火光照得通红，呼呼睡着了。王莽看看子婴，说："当年周公帮助成王辅政，发生了管蔡之乱；我辅佐子婴，遇到翟义、刘信这伙人造反，想想，要当个圣贤可真难啊！"

王莽什么事都喜欢学古人，嘴边常挂着周公的名字，处处要显示他的伟大。

说起来王莽的运气真好，刘氏大军竟然被他打败了，翟义节节败退，刘信也不知躲到哪儿去了。王莽大获全胜，心里乐陶陶，一下子就封了三百多人的官位。

国家越不安定，怪事也越多。有个叫哀章的人在田里挖出了一个铜柜子，上面写着"天帝金匮图"，还有"赤帝刘邦传于黄帝金策书"。柜子里有本书，上面写着王莽是真天子，还写着其他辅佐大臣的名字。

哀章是个小老百姓，挖到这种东西还得了，马上将铜柜子送去给皇帝太庙的官吏。王莽的姑母王太后知道这又是胡闹，全是那些好事的人在搞鬼，所以非常生气。

王莽这时候只想真正当皇帝，姑母高不高兴，他已经不在乎了。他当着文武百官的面，在太庙举行月祭典宣布自己当皇帝的事。可是当皇帝要有玉玺，而玉玺就在王太后的手中。

安阳侯王舜奉王莽的命令，去索取玉玺，王太后不等王舜把话说完，就破口大骂。

“你们王家的人还有没有一点良心？你们今天的荣华富贵，也不想想是谁给的？现在竟忘恩负义，要夺取刘家的天下，你们对得起先帝吗？”

王太后多少还有些良知，这次可真气得一边说一边哭。王舜像一只讨好主人的狗，低声下气地安慰太后。

王太后接着又骂：“你们既然相信符命，相信铜柜子里的策书，想改人家国号，那就应该另外去做一个玉玺啊！我是刘家的寡妇，我还想留着它陪葬呢！”

王太后放声大哭，然后用力把玉玺往地上一摔。

王舜哪里管太后哭不哭，急忙趴在地上找寻玉玺。半晌，总算在墙角找到，可惜玉玺已被太后摔坏了一角。王舜赶紧把玉玺藏入怀中，头也不回，急忙把它送给王莽。

王莽将玉玺放在手中，左看右看，扯着沙哑的嗓子笑个不停。

新的王朝成立了。王莽在未央宫大摆筵席，庆祝自己当上皇帝。时间是公元八年。

王莽牵着小皇帝的手，一步步走下台阶，让人将他带到后宫。六岁的子婴哪里懂得什么，只管瞪着一双大眼，看着吵吵闹闹的欢乐场面，一边走一边回头，好像很舍不得离开。

王莽故作难过，流着眼泪说："我王莽的命好苦啊！老天爷硬逼着我做皇帝。"

这时，只听到那些心腹们高呼皇帝万岁声，而朝中的老臣也都悲伤地流着泪。

汉朝从高祖刘邦入关，灭掉了秦朝，到王莽篡位（公元前二〇六—公元八年），整整是二百一十四年。在中国历史上称为前汉，也叫西汉。

饥民抗暴

王莽篡汉，改国号新莽。他的法宝就是拉拢人心，模仿古人。他怕读书人心眼儿多，会发表对他不满的言论，于是在京城盖了很多学舍，让他们好好读书。一些读书人都被王莽的虚伪给蒙骗了，纷纷赞扬他。

在制度方面，王莽只知道沿袭古人。他改变法令，修改制度，其实只是摆摆样子，完全不符实际需要，七修八改弄得天怒人怨，百姓都对他很不满。

王莽无视于反对他的怒潮，仍然处处粉饰太平。他很顽固，别人的话一概不听。他认为只要把姑母王太后伺候好，就能保住皇帝的宝座。有一天，他的心腹不知道从哪里找来一块圆形的铜符，上面模模糊糊写着"新室文母"四个字。

王莽迷信，认为这是讨好姑母的绝佳机会，便尊称姑母王太后为“新室文母太皇太后”。

王莽成立新王朝，按照铜柜子里的名单，有的封将，有的封侯。这份名单显然是有心人假造，除了叫王兴和王盛的两个外人之外，其余全是王莽亲近的人。

王莽为了昭告天下他是大公无私的，依照铜柜子里的名单封官，于是派人到各地去找叫王兴和王盛的人。查访了很久，才在长安找到一个叫王兴的守门人，和一个叫王盛的卖大饼小贩。

王兴和王盛以为他们犯了什么重大的罪，哭哭啼啼到了宫廷里，见到王莽便“扑通”跪在地上，像捣蒜般地磕头求饶。

王莽看看两个人，个子都高高的，模样还不错，又请卜卦的人依他们的生辰八字算算命，发现也都不差，便立刻封了两个人当官。

一个看守城门的，一个卖大饼的，做梦也没有想到会在朝廷当官。两个人破涕为笑，一直向王莽谢恩。

从这件事也可以看出，王莽做事有如儿戏，根本没有把国家大事当作一回事。

朝廷的制度乱了，地方的制度也被改得乱七八糟，不仅老百姓糊涂，连当官的也同样搞不清楚，历代祖先留下的典章制度，在王莽手中破坏殆尽。

王莽长得难看，相貌又凶狠，有人背地里说他像豺狼虎豹，会吃人，终有一天也会被吃掉。王莽非常生气，把那人杀了。可是他一向迷信，表面上不在乎人家的批评，心里却犯忌讳，从此很少出宫露面。上朝的时候，还用一把大大的云母扇遮着脸，不让人看到他丑陋的面貌。

凡是沾上一点迷信、符咒的事，王莽全宁可信其有。更始将军甄（zhēn）丰是王莽的大功臣，这时候的地位竟和卖大饼的王盛一样，心里实在不服气。甄丰的儿子就假造一条符令，说他父亲应治理东方，王莽信以为真，就派甄丰到东方。

王莽始建国五年（公元一三年），已经久不生事的匈奴跟王莽的新朝失和。为了攻打匈奴，王莽将监狱里的囚犯训练成敢死队，并且招募天下的奇人供他随时差遣、娱乐。

这时候，那些想讨好王莽的人抓住王莽的弱点，编造一些稀奇古怪的事来糊弄他。有人自称能像老鹰一样，一天飞行千里，并能在空中侦察敌人的行动。王莽真是昏了头，想也不想就请那人来表演。那个人身上绑了一对大翅膀，从高高的地方往下飞，结果"噗"地坠落地面，活活摔死。

还有更离谱的事。有个太守报告王莽说："东海蓬莱有个巨人，身高一丈，腰围粗到十个人都围不过来，这人自愿去打匈奴。"为了送这人进京，请求特别打造一辆大车子，还要把城门加高加宽。王莽有了上次空中飞人的事，知道又是在胡扯，下令将那个太守杀了。

地皇元年（公元二〇年），王莽为了纪念祖先，开始大兴土木，要建筑一座高大的九祖庙，四周各四十丈，高十七丈，用金银做装饰。但是从开工那天起就下大雨，一连下了六十天，王莽不但不停工，反而要工人日夜赶工，结果累死了一万多人。

王莽对老百姓无情，对自己的儿女也没有稍加疼爱。他有四个儿子，一个病死，两个被他杀死；唯一剩下的太子王临因为不满父亲的作为，也被他逼死。

王莽为了他的政治野心，将女儿嫁给平帝，又用药毒死平帝，害他女儿十几岁就当了寡妇。

不久，黄河发生大水灾，水灾后接着又是旱灾、蝗灾。王莽不想法子防治灾害，竟派人教老百姓煮树皮充饥。各地的饥民、囚犯，纷纷逃到关中来。救灾的官员不但不救助老百姓，还从中私扣救济品，使得关中地区到处都是饿死的人。国家到了这种地步，老百姓还能不造反吗？

终于，走投无路的人纷纷起来反抗，他们把眉毛染成红色，称自己为“赤眉军”。也有饥民群聚到山林里当强盗，称自己为“绿林军”。

赤眉、绿林的人数滚雪球似地越聚越多，王莽派兵围剿，这些没饭吃的人反而闹得更凶。安分守己的老百姓，没有饭吃还得缴税，缴不出税的还要受罚，因此干脆离弃家园，投入赤眉或绿林军。

王莽在宫中如同生活在另一个世界，完全不理民间疾苦，即使知道外面乱哄哄，百姓都快活不下去了，照样装作不知道；甚至异想天开，发明一套叫“威斗”的辟邪方法，用五色铜做成像北斗的东西，让官员背在身上，整天都不拿下来，据说这样可以辟邪。

他又仿照黄帝“华盖登仙”的故事，制作出有顶篷的“华盖车”，车板下装有“秘密机关轮子”，出宫时，前面有三百个穿黄衣服的大力士，一边击鼓，一边喊着：“登仙了！登仙了！”以为这样就可以成仙。

这些迷信和胡闹的行为，看在赤眉军、绿林军和各地的灾民眼中，只有更加反感。

王莽派太师王匡率领大军讨伐赤眉军和绿林军。那些官兵大都是没有纪律的亡命之徒，不仅不会保护人民，反而到处骚扰，走到哪里都只会闹事，连吃几个败仗后，只好退回洛阳，躲在城里不敢再出来。

在荆州的绿林军中，也有个叫王匡的，他结合王凤和马武的兵力，打败王莽的官兵。但是这些人没有组织，缺乏领导人，大家常闹意见，于是又拆伙了，分成新市兵和下江兵。另外还有一群人聚集在平林，叫做平林兵。这时候，王莽的新朝已经是四面楚歌，他的皇帝梦快要破灭了。

昆阳大战

关中的难民一天比一天多，肚子饿了就杀人来吃，愤怒的人民都想杀王莽出气。国家到了这种地步，王莽竟还为了一个美丽的丫头，跟他儿子王临闹翻天。

王莽的太太身边有个侍女，长得很漂亮，王莽很喜欢，便强力抢夺。不久他得知这个侍女原来是他儿子心仪的人，并且两人早已相许，因此非常生气，不但活活打死侍女，还拿一包毒药给儿子，要他服毒自杀。王临气不过，心又不服，愤而拔刀自尽。

这时候，很多反抗王莽的百姓，举着“兴汉灭莽”的旗帜。王莽竟怪罪到刘氏祖先的头上，将祭祀汉高祖的庙打得稀烂。

南阳舂陵（舂，音 chōng；舂陵，在今湖北枣阳县）的刘演(yǐn）和刘秀，是汉室的后代，他们结合了平林和下江两股兵力，拥护刘玄为帝，声势非常浩大。水深火热中的百姓听说汉室又恢复了，都燃起一丝希望。

刘演带着反抗军连连打了几场胜仗，攻下昆阳、定陵几座大城。王莽这才如梦初醒，下令王寻带领四十二万大军攻打昆阳。

刘演的弟弟刘秀和王凤守住昆阳，听说王莽的大军来势汹汹，只好关紧城门，不敢出城迎战。有些贪生怕死的人，为了保住妻子儿女的性命，都想找机会逃走。刘秀看出大家的情绪很不稳定，担心因为一两个人的脱逃引起大乱，就镇静地对大家进行喊话。

“目前我们的兵力少，粮食也不足，敌人却有四十多万，如果我们能够团结，或许还有机会逃过这场灾难；如果大家继续闹意见，必定会被敌人消灭……”

刘秀的话还没有说完，就有人沉不住气，大吼大叫：“要怎么团结？有本事，你刘将军自己去打呀！”

原来，跟着刘秀的这些人，都是各地的灾民、强盗聚集而成的，素质差又不明事理，短视又自私，完全不懂得顾大局。

“我们当然要打仗，”刘秀耐着性子说，“已经到了生死关头，咱们要活命就要好好打仗，必须团结才能保住你们的妻子和财产，不然连命都没了，大家还能图什么？”

突然有人跑来，向刘秀报告军情。

“王莽的大军已经到了城外，人数很多，绵延几百里，看都看不到队伍的尾端。”

吵吵闹闹的人听到王莽的大军来临，脸上都挂着焦虑的表情，刘秀却面不改色，态度很镇定。

人群中有人大喊：“刘秀有办法，让他去打！”

大家听了也随声附和：“对，刘秀有本事，让他去打！”

刘秀面带微笑，不慌不忙地说：“大家要知道，王莽的人虽然多，但那只是虚张声势，没什么好怕的。只要大家守住昆阳，我刘秀愿意冒着生命危险出城，到定陵去求救兵，然后我们里应外合，这样一定可以打败王莽的大军。”

一群没有主见的人听了刘秀的话，都不再叫喊。

夜深了，刘秀带着李轶（yì）等十三个人悄悄出城，连夜骑马赶到定陵。可是镇守定陵城的将军怕死，不愿意出兵。

刘秀说：“想一想，要是击退敌人，你们就会有更多的财宝，这不是你们最想要的吗？但是万一昆阳失守，王莽自然会集中所有的兵力来攻打你们，到那时候你们连脑袋都保不住了，还想要保住定陵吗？”

刘秀费了很多口舌，终于说动定陵城的将军，答应派兵解救昆阳。刘秀带了一千多人赶回昆阳，在离城四里远的地方停下来。这时，王莽的大将王寻、王邑也带了几十万人，将昆阳层层包围。

大将严尤对王邑说：“我们不该先打昆阳。”

“为什么？”王邑不解地问。

“昆阳城虽然很小，但是防守得很牢固，恐怕一时攻不下来。”

“不，再牢固也要打。过去的翟义之战，我受了一肚子的窝囊气，这回一定要出这口气。今天我有百万大军，还怕一个昆阳城吗？难道它真有铜墙铁壁不成！”

站在昆阳城上远远望去，一排一排的营帐像一窝一窝的蜂巢。军旗随风飘扬，发出哗啦哗啦的声响。王邑一声令下，王莽的大军随着鼓声开始进攻昆阳。他们架起十几丈高的梯子，高高地矗立在城墙上，箭像雨一般地往城里射。

眼看昆阳城就要被攻破了。守城的王凤看刘秀还没有回来，担心支持不下去，便从城里射出投降书，向王邑投降。

王邑看了投降书哈哈大笑，高喊着：“这次我终于扳回一城了。”

王邑不接受王凤的投降，只管在城外饮酒作乐，严尤好意劝他：“兵法上说得好，围攻敌人的城池，留给他们一条生路，可以瓦解敌人的斗志。我们现在占了优势，可是一直围住不放，又不接受他们的投降，这是逼虎上山啊！”

王邑得意洋洋地猛灌了一大口酒，看了严尤一眼，理都不理他。这时突然传来急报，说刘秀从定陵、郾（yǎn）城请来救兵。王邑依然没有把这件事看在眼里，只派了几千人去拦截。

刘秀领着汉军，奋不顾身地冲向敌人。他一声怒吼，挥刀砍去，敌人的头一个个落地。跟在刘秀后面的战士，起初都觉得刘秀像个文弱书生，哪里能打仗？多少有些看不起他。现在看他这么勇敢，顿时精神百倍，随着刘秀杀入敌人阵地，王莽的大军一下子就死了一千多人。

王邑在营帐中听到杀声震天，还以为是他的大军打了胜仗。不久，汉军将他包围住，等他骑马上阵，他那号称一百万的大军，早已乱成一团。

守在昆阳城中的汉军看见城外刘秀的援兵大胜，汉军守将王凤立刻打开城门，带领城中汉军加入战斗，展开了一场惊天动地的大战。

汉军前后夹击王邑的军队，王邑在惊慌中也不知道刘秀究竟带来了多少救兵。

正在混战时，突然刮起一阵大风，天上乌云密布，雷声隆隆，情势更加混乱。王邑的兵也不清楚敌我，只好四处逃窜。王邑眼看大势已去，下令放出兽笼中的狮子、老虎，让它们冲入汉军中。这时狂风大作，沙石四起，野兽视线不清，只能横冲直撞，又冲回王邑的阵地去。

经过一场激烈的战争，王莽几十万大军，死的死，伤的伤，有的掉进河里淹死，有的被踩死，满地都是丢弃的兵器车马和堆积如山的尸体。

刘秀在昆阳大胜的消息立刻传遍各地，不满王莽暴政的人纷纷起义，投奔刘秀，汉军力量大增。刘秀乘胜往北方追赶敌人，又占领了很多重要的地方。

王莽年纪越大心态越不正常，当国内闹饥荒，盗贼作乱，百姓生活苦不堪言时，七十多岁的他还异想天开，挑选天下美女做伴。为了掩饰他的老态，还将银白的头发染黑，装扮得好像很年轻。

当王莽敲锣打鼓，在宫中迎接新皇后时，突然接到王邑在昆阳大败的消息，四十几万大军被刘秀打得一个也不剩。王莽听了两腿发软，面色如土，整个人都瘫软了。接着又收到汉军送来的讨伐书，将他过去所做的坏事都一一列出，更揭发他用毒药害死汉平帝的事。这个消息像一把锋利的刀子，插入他心中。

王莽的伪装虽然被拆穿了，却还死不认账。他召集文武官员，取出那本假的策书宣读给大家听。

王莽流着泪，伤心地说："我跟周公一样，忠心耿耿地辅佐皇上，那些强盗居然造谣生事。"

文武百官看他哭哭啼啼，只觉得好笑，一点也不同情他。

王涉是王莽同宗的兄弟，眼看天下大乱，王莽就快完了，便暗地勾结大司马董忠，想要劫持王莽投降汉军。王莽知道后，立刻将王涉杀了。

王莽明白情势对他很不利，加上他疑心病很重，总认为有人要害他，因此弄得白天如坐针毡（像坐在有针的毡子上一样，形容心神不宁），晚上也不安心，只能勉强打起精神，边喝酒边翻看兵书。累了就靠着墙睡，连刚娶来的美丽皇后也顾不了了。

战火由关东蔓延到陇西，长安已经朝不保夕。有个叫隗嚣（wěixiāo）的人召集陇西地方上的豪杰，一起响应汉军，很快就聚集了十万人，到处揭发王莽的罪过。

王莽有个侍臣叫崔发，看到王莽坐立不宁，便装得很有学问，引用古书上的话，劝王莽应该大哭，就会得到老天爷的帮助。

六神无主的王莽听了崔发的话，立即下令百官到郊外祭天。等祭师念完祭文，他命令大家跪在地上大哭。文武百官只好个个捶胸顿足，扯着嗓子干吼。王莽还逼迫老百姓也跪在地上跟着哭。他想用哭声感动上天。

于是长安城外一片震耳的哭声，一大群人跪在地上，从早号哭到晚，哭得天昏地暗。更荒唐的是，王莽规定百姓中哭声最凄厉的，不但赏给饭吃，而且封官为“吁嗟（xūjiē）郎”。

洛阳和武关是把守京城长安的主要关口，汉更始皇帝刘玄派遣大将军申屠建攻打洛阳，派丞相李松进攻武关。汉军还没有到武关，早就有回应起义的邓晔、于匡占领武关了。

武关守不住的话，长安城就很难保了。王莽眼看情势紧急，亲自挑了九名很会打仗的大将，号称九虎大将。可是王莽不信任他们，将他们的妻子儿女都扣留在宫中，使得九虎大将失去斗志，遇到于匡、邓晔的汉军立刻大败。同时，汉军李松、申屠建顺利占领了洛阳，又集中兵力在长安城外，准备入城立大功。

长安城现在像个鸟笼，王莽则是笼子里的一只小鸟，急躁地在笼子里乱跳乱蹦。派不出兵只好打开牢狱的门，逼着成千上万的犯人去送死，并约定如果立了功就可免罪。不过王莽想得太天真了，那些犯人恨透了王莽，一出牢笼，逃都来不及了，谁肯帮他打仗？

长安城外，愤怒的人民将王莽家的祖坟挖开，点起一把火，将雄伟的九庙烧光，熊熊的烈火，照亮半边天。

更始元年（公元二三年）的十月十五日，汉军攻破长安城的宣平门，大队军马如同浪潮般涌入长安城。面对来势汹汹的敌人，王莽还登上城门，假装镇静地说：“像我这么好的人，汉军能拿我怎么办？”

到了第三天，王莽眼见无力挽回颓势，趁天蒙蒙亮，便抱住那个用五色铜做的威斗，偷偷躲到渐台上；因为那儿四面是水，可以阻挡汉军。这时候，只剩王邑和少数人在城中保护王莽了。

汉军冲进宫中，高喊着：“反贼王莽在哪里？”

王邑下令从渐台发箭，箭很快就射光。汉军攻上渐台，杀死了王邑，王莽却不见踪影。

有个士兵发现渐台旁边有个暗室，他用脚踢开暗室的门，一眼看见黑暗的角落里有个浑身发抖的老头，手里抱住一个古怪的东西，他想，这一定是王莽了，便一刀刺下去。王莽连叫都来不及叫，就死了。

那名士兵喊着：“找到王莽了。”

大家一听，都一起拥上，你一刀、我一刀地把王莽砍成十几段，结束了他荒唐的一生。

更始皇帝举着汉朝的旗帜，浩浩荡荡进了长安，并且将王莽的头颅挂在街上示众。

为了篡夺汉室，王莽虽然用了很多心机，却只当了十五年的皇帝。

新莽王朝结束了（公元二三年），汉朝开始了另一个新的时代。

第七章 光武中兴

刘秀舂陵起义

昆阳一战，注定王莽失败的命运。这场战争的关键人物，就是刘秀。

刘秀是汉景帝第七代孙子，在家排行第三，大哥是刘演，二哥是刘仲。他出生的那年，田里的稻子有一棵竟长出九个稻穗，所以就给他取名叫刘秀。刘秀的父亲早逝，三兄弟由伯父抚养长大。

大哥刘演喜欢交朋友，在家乡小有名气。刘秀相貌堂堂，身高七尺二寸，个性温和，做事一丝不苟。他们原本在家乡读书种田，过着平静的日子。哥哥刘演见弟弟个子高却文绉绉的，常常嘲笑他："老弟呀，真是糟蹋你了。可惜！可惜！"

"大哥，"刘秀惊讶地问刘演，"我哪里不对吗？"

"我是说，如果是在太平盛世，读书种田的确很好，可惜现在天下大乱，像你这样的人才却待在家里，实在可惜！"

刘秀听了只是笑笑，心想，乱世也好，太平盛世也罢，安分守己做自己该做的事，总不会有错吧！

有一天，刘秀到姐姐家玩，正巧他姐夫在家里宴请宾客，酒足饭饱的时候，有人提起符咒的事，立刻成了谈天的话题。

"听说刘歆命中注定要当天子。"

“你是说那个同情王莽的国师刘歆，后来又改名刘秀的人?”

“是呀！就是帮助王莽改制的那个大功臣。”

“这人是有一点学问，人品却不怎么样。”

刘秀一面喝酒，一面听着大家讨论那个叫刘歆又叫刘秀的人可能会当皇帝，忍不住插嘴说：“各位，你们怎么知道注定要当天子的人不是在下我呢?”

在座的人听了都哈哈大笑，脸上露出不屑的表情，好像在说：“你这家伙，别痴人说梦了。”

其实刘秀只是想凑个热闹，说话逗大家笑笑而已，想不到反而惹得客人不高兴，便自讨无趣地溜走了。

不久，南阳地方发生战乱，年轻力壮的都当强盗去了，年老的和弱小的不知饿死了多少。刘秀的大哥早就看不惯这种情形，便结合一些朋友和一些亡命之徒想起来造反。刘秀不愿意惹事，便借口要出外做买卖，离开了家乡。

刘秀不同意哥哥的做法，不想随着起义，可是不管走到哪里，都是一片凋敝，心里实在难过。他在宛城认识了李通、李轶两兄弟，暂时住在李家。他一直闷闷不乐，埋怨都是因为哥哥爱出风头，才让他不能安静地在家乡种田。

“你大哥这样做没错啊!”李通说。

“没错?”刘秀张大了眼睛。

“当然没错。现在天下大乱，就是要有人出来反抗才行。”

“可是私下招兵买马，被官兵抓到是要杀头的。”

“你应听说过‘刘氏复兴，李氏为辅’的话吧!”李轶问。

刘秀摇摇头，不以为然地说：“那是谣传，怎么能当真。”

“不，你大哥没有错，现在天下大乱，不管逃到哪里，都活不了，逃避不是办法。”李通又劝刘秀，“‘刘氏复兴，李氏为辅’这句话指的说不定就是你我啊！”

刘秀做事一向谨慎，哪里肯相信李通兄弟的话，所以只是笑笑不愿多表示意见。

日子一天一天过去，刘秀发现想要过安定的日子，已经越来越不可能了。李通和弟弟李轶两人将眼前的情势分析给刘秀听，还不停地劝他，在国家危难的时候，男儿应该挺身而出，为国效力。

经过仔细的考虑，刘秀终于同意李通兄弟的说法，准备起义。他先回舂陵，并且定好立秋那天，李通、李轶兄弟在宛城，邓晨在新野，三地同时起义。

老实的弟弟回家来参加恢复汉室的行动，这时候最高兴的是刘演了。当地的百姓看到刘秀那么老实的人都要起义，也都纷纷加入刘演的阵容。刘演和刘秀又和新市兵、平林兵结合，很快组成一支壮大的兵力。

刘演很快攻下棘阳，但是在宛城起义的李通和新野起义的邓晨，都被官军打败了。接着舂陵也被攻下。刘秀遭到惨败，情急之下，趁着大雾连夜逃出重围。

逃亡的途中，刘秀在人潮里看到妹妹刘姬，赶紧将她拉上马，继续往前逃。不久，又在路上碰见一名妇人，带了三个小孩子，围在一起抱头痛哭。刘秀下马一看，原来是姐姐刘元。

眼看追兵就要来了，刘元劝刘秀：“你们快逃吧！不要一家人都死在一起。”

在无暇犹豫的情况下，刘秀只好流着眼泪，飞快地逃走。

没多久，他姐姐和三个孩子就命丧在追兵的刀下。

后来，刘秀又找到哥哥刘演和朋友李通，结合下江兵的将领王常，打着“复兴汉室”的旗帜，起兵反抗王莽。王莽知道情势危急，叫人画了刘演的肖像到处张贴，悬赏黄金十万两要缉捕他。

王莽在昆阳大败后，更始皇帝刘玄在宛城建立国都，此时汉军内部出现两种声音，有人拥护刘演，有人拥护刘玄。刘秀不想蹚浑水，便带兵在外边，一面讨平匪乱，一面结交能干的人，做恢复大汉江山的准备。

刘演个性刚硬，处处不肯让人，因此受到更始皇帝刘玄的嫉恨。有一天，更始皇帝上朝，刘演手下大将刘稷喝了一点酒，胆子大了，声音也跟着大了。

“打垮王莽的是刘演、刘秀兄弟，刘玄算什么？怎么配当皇帝！”他肆无忌惮地发起牢骚。

支持刘玄的人认为刘稷大胆胡闹，要求更始皇帝杀了他。刘演出来替刘稷辩护，但是刘玄那边人多势众，刘演抵挡不住，更始皇帝也趁机斩除后患，把刘演杀了。

刘秀在城外听说哥哥被杀，非常伤心激动，但是为了重建大汉江山，他不希望更始皇帝再对他不利，表面上仍然故作平静。有人来劝他、安慰他，刘秀都绝口不谈哥哥的事，只有在四周没人时才偷偷地流泪。

更始皇帝杀了刘演也很后悔，为了安抚刘秀，便称他为破虏大将军，封为武信侯。

更始元年（公元二三年）九月，汉军攻进长安，更始皇帝看见王莽的脑袋挂在街上，得意地说：“头发都白了，为什么不好好做人呢？王莽如果不篡位，他的功名绝不在霍光之下，可惜啊！”

更始皇帝最宠爱的韩夫人笑着说：“要是他好好辅政，皇上就没有今天的功绩了。”

不久，关内关外渐渐安定下来，更始皇帝将京都从洛阳迁到长安。这时候，天下的人都希望早点过太平日子，可惜更始皇帝刘玄不能抓住机会好好治理国家，让老百姓很失望。

更始皇帝本来就没有什么才干，到了长安又大封宗室功臣，自己住进长乐宫，过着糜烂的生活，根本没把国家的事放在心上。朝里大小的事全交给大司马赵萌去管，赵萌握有大权，就开始作威作福。其他的官员不是地痞流氓出身，就是大字不识几个的老粗，满口粗话，行为粗鄙，做事没有条理，百姓得不到原本预想的安乐，气愤地痛骂：“将来天下会落到谁的手中都还不知道呢，他就已经荒唐到这个地步了。”

刘秀也觉得灰心，食客冯异劝他说：“以前天下的人都很痛恨王莽，希望早点恢复汉室。现在更始皇帝又不管事，他的将士只顾着到处掠夺人民的财物，图一时的快活，这跟王莽有什么不同？将军若能乘机收揽人心，将来一定大有可为啊！”

刘秀觉得冯异的见解很对，便派冯异到各地了解民生，废除王莽留下来的苛政，百姓都很欢迎刘秀。

一天，刘秀来到邺城，有个叫邓禹的读书人登门拜访，刘秀一听很高兴，原来邓禹是他的同学。

邓禹跟刘秀小时候一同在长安读书，邓禹很聪明，十三岁就能背诵十三经，更始皇帝要封他为官，他瞧不起更始皇帝，坚决不肯接受，听说好朋友刘秀到河北，便急忙赶来找他。

多年不见，两个人有谈不完的话。

“老朋友既然来了，就留下来帮我吧，不必愁没有饭吃。”刘秀邀请邓禹。

“我会留下来，但不是为了吃饭而来。”

刘秀有些惊讶。

邓禹说：“我愿意为你效劳，是希望你能威震四海啊！”

邓禹继续分析局势给刘秀听：“刘玄虽然当了皇帝，可是他的时日不会太久的。”

“这怎么说？”

“你看，山东有十几万的赤眉流寇，其他各地也趁乱而起。再看看更始皇帝身边那些人，都只图一时荣华富贵，根本没有半点理想。”

“那么，依你的意见，我们该怎么做？”

“更始皇帝眼看就要完了，现在正是恢复高祖帝业的大好机会，你要收揽人心，召集天下豪杰起义。”

邓禹的话和冯异劝他的话完全一样，更增加了刘秀的信心。于是邓禹就留下来帮他打天下。

刘秀的汉军到了北方的大城邯郸，城里有个叫刘林的人，建议刘秀挖开河堤，用洪水淹没十几万的赤眉贼。刘秀觉得他的建议不可行，所以没有采纳。

不料刘秀刚离开邯郸，城里随即发生了“王郎事件”。

王郎在邯郸城里摆摊算命。有一天，他告诉人家说，他不姓王，本姓刘，叫刘子兴，是汉成帝的亲骨肉，在目前所有汉室后代里，他的辈分最高；又说，他的母亲是宫里的歌妓，因为担心受赵飞燕杀害，于是隐姓埋名。王莽死了，他才敢说出他的真实身份。

在兵荒马乱的时代，谣言满天飞，但王郎说得跟真的一样，于是传得沸沸扬扬，很多人都相信他。这时候，那个叫刘林的人，一看刘秀不理会他，于是编造一些理由，出面证明王郎确实是汉成帝的儿子，并拥护王郎当皇帝，他自己则当了丞相。

老百姓搞不清楚谁是刘家真正的后代，怎么除了更始皇帝刘玄，又出来一个王郎？王郎受了刘林的指使，下令捉拿刘秀。任谁都没想到一个替人算命的人，居然能掀起这么大的风波。刘秀也因此陷入艰难的处境。

正当刘秀陷入苦恼的时候，有人前来求见。对方是个年轻军官，长得相貌堂堂，谈吐不凡，刘秀一见就喜欢。这个年轻军官叫耿弇（yǎn），是上谷太守耿况的儿子。

刘秀问他有什么事。

耿弇说：“我奉父亲的命令，到长安去见更始皇帝，遇到王郎自立为皇帝的事，路不通了，所以顺便来拜访将军。”

耿弇站在刘秀面前，刘秀细细端详他，越看越中意，便极力说服他留下。耿弇知道刘秀目前处境困难，也不忍拒绝。他留下来商议了一些事情，并且劝他北上到上谷郡去。

王郎追拿刘秀追得很紧，在无路可逃的情况下，刘秀只好听耿弇的话往北走。

到了蓟（jì）城，只见城里人群聚集，乱哄哄一片，原来是王郎贴了告示，悬赏黄金捉拿刘秀。

耿弇安慰他说："不要怕，我父亲把守上谷，渔阳太守彭宠是你的同乡，两处都有精锐的骑兵，王郎拿不下你的。"

"耿将军，"刘秀紧握耿弇的手，感激万分地说，"现在你是我的大恩人啊！"

刘秀的士兵大都是南方人，一听说又要行军到北方，好多人都不愿意去，即使愿意同往的，意见也很分歧。这时候，远远忽然传来嘈杂的人声，大声喊着："不要放走刘秀。"

刘秀狼狈地逃到南门时，城门已经关上，多亏有人合力用大圆木撞开城门，才能匆忙逃离。可是回头一看，耿弇不见了。在谁也顾不了谁的惊险时刻，他也只有在黑夜里继续往南方逃命。

冬天寒冷的风冷得刺骨。刘秀一行人怕被官兵看到，只好绕小路。一连走了几天，大家又饿又冷。眼看刘秀已经支持不住了，冯异好不容易才向人讨来一碗粥给他喝。夜里太冷，大家围成一圈取暖。

天亮了，寒风吹得枯树枝嘎嘎作响，刘秀前晚喝了一碗粥，有了些气力，又继续往前走。走着走着，远远飘来一阵饭香，抬头一望，不远处有家旅店，里面的人正在吃饭。刘秀灵机一动，冒充邯郸官府的使者，向他们讨了一顿饭吃。大家狼吞虎咽，吃了就走，等到旅店里的人发现是刘秀，要追时，他们早走远了。

刘秀一行人逃到滹沱（hūtuó）河的时候，天空飘起大雪，前面是河，后面有王郎的追兵。河很宽又没有船，正在紧急时，河面漂来一大片冰，一块一块堆在一起。刘秀心里明白，退也是死，进也是死，与其让敌人杀死，倒不如淹死在河里。于是他指着河里堆积的冰块说："我们现在是死路一条，不想让王郎抓到的，只有冒险踩着冰过去。"

说来真奇怪，不知道是刘秀的命大，还是上天帮忙，天气突然变得很冷，河面狭窄的地方，冰一块块冻在一起，渐渐形成一条小路。大家牵着手，小心踩踏，居然也平安过了河。

到了对岸，大家没命地逃，再回头时，已离滹沱河好远了。

他们走着走着，不幸在大风雪中迷失了方向。刘秀正在发愁，迎面来了一个白衣老人，捋着白白的胡子，指引刘秀说："往东再走八十里地，就可以到信都城。"

刘秀听到信都，霎时间心都热了起来，因为那里的太守任光是他的老朋友。

刘秀到了信都，任光立刻打开城门欢迎。

各地英雄好汉知道刘秀在信都，都自动来投靠。追随刘秀的人一天天增多，让他士气大振，一连攻下几个重要的城镇。

当他攻下河北最大的广阿城时，忍不住指着地图抱怨说："我辛辛苦苦南征北讨，吃了那么多的苦头，却只得到一个郡。"

邓禹安慰他："这种事急不得啊！现在天下混乱不安，人民希望能有个贤明的君主，就像小孩需要母亲一样。从古到今，成功的帝王都是因为德行好，而不是因为拥有很大的土地。有德行的人，领土也必定会渐渐扩大；没有德行的人，即使地方很大，最后也一定要灭亡。”

邓禹的一番话让刘秀直点头。

“咚……咚……咚……咚……”

城外传来震耳欲聋的战鼓声，刘秀以为是王郎的兵打来了，匆忙上城楼观看。只见西北方来了一批人马，滚滚黄沙中，各色艳丽的旗帜随风飘扬。刘秀有些心慌，心想大概又有危险了。

不久，人马渐渐靠近，看他们移动的方式又似乎没有敌意。带头的将军来到城下，翻身下马，朝着城墙跪拜。刘秀觉得奇怪，仔细再看，原来是早先失散的耿弇。刘秀赶紧打开城门，热烈欢迎。

原来耿弇和刘秀失散后，又回到他父亲那里，并且在他父亲面前说了刘秀许多好话，劝他父亲辅佐刘秀消灭王郎。耿弇的父亲不但同意了，还邀请渔阳太守彭宠帮忙。于是两路精兵轻易地攻下蓟城，占领了涿（zhuō）县等二十多个地方，杀死王郎的大将和三万多士兵。然后大队人马才到广阿城来和刘秀会合。

刘秀看耿弇的人马个个生龙活虎，便高兴地说：“我刘秀天天做梦，希望渔阳上谷的大军早点来，今天真的来了。”

有了上谷、渔阳强大的兵力，加上更始皇帝也派来几万人增援，一起围攻邯郸，王郎哪里抵抗得了，不久就派人向刘秀求饶，说他千真万确是汉成帝的儿子，求刘秀放他一条生路。刘秀不理，一连打了二十多天，终于在更始二年（公元二四年）攻下了邯郸，王郎被杀身亡。

攻下邯郸后，巨鹿也投降了。刘秀论功行赏，大家都争着夸耀自己的功劳，只有冯异独自坐在大树下不说一句话，有人给他取了一个外号，叫“大树将军”。从此刘秀更加看重冯异。

更始皇帝刘玄降下圣旨，封刘秀为萧王，并命令所有有功的人一起进京。刘秀知道这是更始皇帝的阴谋，想要借机削弱他的兵权。

这天夜里，刘秀一直在盘算这件事，翻来覆去睡不着。耿弇早就看出他的心事，趁夜深人静，悄悄来看刘秀。

刘秀支开其他人，问耿弇说：“这么晚了，你有什么急事?”

“将军要快点派人到上谷去，请求多增加些人马。”

“王郎已经死了，河北也平定了，为什么要增加人马?”

“夺取天下的战争才刚开始呀！怎么说平定了？王郎虽死，还有更始皇帝呀！他要你进京，你绝不能听他的。而且，现在还有十几万的铜马贼和赤眉到处作乱，必须先消灭。你只管做你该做的事，用不着理会更始皇帝，他迟早会亡的。”

刘秀急忙伸出手，示意耿弇别再多说。

“嘘！小声点，你不怕被杀头吗?”

“为了大王，为了汉室，我才会这么说。”

刘秀点头说：“你的意思我懂，我也正为这件事烦恼得睡不着呢！”

“百姓本来都恨王莽，听说汉军兴起，没有不高兴的。

可是更始皇帝跟王莽一样无能，所以人民又失望了。现在是千载难逢的好机会，错过就来不及了。”

耿弇的一番话打动了刘秀的心，于是他抗拒更始皇帝的命令，借口说河北还不安定，要继续看守。从此刘秀不再听更始皇帝的指挥。

刘秀很快打败了赤眉军和铜马寇，一下子又增加了十几万的兵力，关西一带的人都拥护他，称刘秀为“铜马帝”。

刘秀到了鄗（hào）县，小时候的同学强华带了赤伏符，从关中跑来见他，符上写着：

刘秀发兵捕不到，

四夷云集龙门野，

四七之际火为主。

刘秀算算，从汉高祖立国，到他在舂陵起兵，正好是二百二十八年，也就是符上说的“四七之际”，他想这是天意，便不拒绝被称为皇帝。

公元二五年，刘秀在大家高呼万岁声中，正式当了皇帝，不久迁都洛阳。他就是复兴汉室的汉光武帝，在中国历史上，汉光武帝之前称为西汉，之后称为东汉。

群雄争霸

国家一乱，想平定下来，不是短时间内可以办到的。虽然刘秀当上皇帝，但当时除了长安的更始皇帝外，公孙述也在成都自立为帝。另外，李宪、刘永、董宪、张步、秦丰和田戎也纷纷在各地称雄，天下比王莽时期更混乱。

更始皇帝只知玩乐，哪里还管老百姓的死活？因此到处都是反抗他的人。这时被刘秀打跑的赤眉军从武关进入关中，给更始皇帝很大的压力。

光武帝刘秀知道赤眉军进了关中，便抓住这个机会，派邓禹带两万大军，一路朝关中打来，更始皇帝的军队大败。邓禹的军队很有纪律，到处受到人民的欢迎，很快就占领了河东地方。光武帝任命邓禹为大司徒，给他食邑一万户。

赤眉军兵分两路，从河南朝关中进攻，进了武关，直入长安。由于局势不稳，人心浮动，大家都在观察，看谁的力量大就跟着谁。赤眉军的人数一下增加到三十万，可是他们缺少组织。有人告诉赤眉军的首领樊崇，没有恰当的名义是成不了大事的，一定要想法子找个刘家的后代当王，大家才会听从领导。

赤眉军迷信鬼神，在军中供奉城阳景王。有一天，当赤眉军的首领樊崇在求神降福时，巫师又蹦又跳地喊着："我的子孙应该当天子，不能当强盗!"

樊崇听了哪敢不信，下令在赤眉军的群众里寻找景王的后代，找来找去，只找到三个人是景王的近亲，一个是刘孝，还有两个是刘茂和他的弟弟刘盆子。

他们三人在景王的神位前上香祷告，然后依照年纪大小轮流抽签。

刘孝、刘茂先抽，都是空签。十五岁的刘盆子抽出最后一支签，上面写着“上将军”三个字。这时周围的赤眉军首领纷纷跪在地上，向刘盆子称臣。

刘盆子是个放羊的小孩，蓬头垢面，衣衫褴褛（lánlǚ，破烂）。他看到大家向他磕头道贺，吓都吓坏了，赶紧趁着别人不注意的时候撒腿就想跑。

刘茂一把抓住他，捡起地上的竹签，说：“这是老天爷的意思，你要把这支签好好收起来。”

刘盆子睁大眼睛，傻傻地看着那根小小的竹片，突然伸手抢了过来，“喀嚓”一声用力将它折断，再往地上扔。大家怕刘盆子乘机跑掉，连忙又哄又劝，好不容易总算让他安静下来。

第二天，刘盆子穿上大红袍，戴着大红帽，坐上了大马车，一群人吵吵嚷嚷耍猴戏般地招摇过市。

一群放羊的孩子在马车后头追喊着：“大家快来看啊！刘盆子坐在里面呢！”

刘盆子伸出头来，看是平常在一起放羊的伙伴，就做着鬼脸向他们打招呼。

赤眉军有了刘盆子当皇帝，便名正言顺地开始进攻长安。这时候，汉光武帝的大将邓禹，也到了距离长安二百里的卫城。

长安被赤眉军包围了，更始皇帝慌成一团，一面派人阻止赤眉军，一面派大司马赵萌守住长安。

更始皇帝周围的人眼看大势不妙，纷纷劝他干脆放弃长安，他就是不肯。张印跟隗嚣合谋，想要劫持更始皇帝，没想到走漏了消息，隗嚣逃往天水，张印结合其他人打入宫中。更始皇帝逃出长安，借着赵萌的兵力打败王匡、张卬。王匡、张卬等人一气之下又去结合大批的赤眉军，一路浩浩荡荡打回长安。

赤眉军进入长安，立刻叫人传话，告诉更始皇帝说：“如果在二十天内投降，就封更始皇帝为长沙王，过了时间，就不接受了。”

更始皇帝知道逃不了，便投降了。长安的长乐宫本来是他享乐的地方，想不到现在竟成了他投降之处，更始皇帝看着宝座上的刘盆子，心里真不是滋味。

他脱了上衣光着背，浑身肥肉颤动着，双手捧着玉玺，两脚千斤重一般，一步一步慢慢走上大殿。

“你是不甘愿吗？将刘玄推出去砍了！”

更始皇帝一听，吓得面色如土，身子一歪，瘫软在地上。后来还是刘盆子的哥哥饶他一命，封他为长沙王。

刘盆子过惯乡下生活，哪里住得惯皇宫？宫里那些吵吵闹闹的赤眉头子们，没有人把他当皇帝看。

建武元年（公元二五年）年底，赤眉军首领樊崇举行宴会，所有的官员都参加了庆典。有个人想出风头，用刀子在木简上刻了些称赞皇帝的话，其他人也不甘落后，大家争相表现，吵成一团，完全没有规矩可言。

大司农杨音看不惯，按住剑呵斥着：“今天是举行大典的日子，谁乱来，就砍谁的头。”

大司农只是个管理钱粮的官，当然没人服他，甚至有人指着他骂：“你算什么东西，竟敢管我们！”

大殿上立刻又乱了起来，有的打架，有的喝酒抢肉，护卫的人不管谁对谁错，挥刀就砍，一下死了上百人，大殿上到处都是血，刘盆子吓得两眼发直。接连几天，因为惊吓过度，白天晚上都哭个不停。

百姓原以为更始皇帝即位，人民就可以平安过日子，想不到更始皇帝不如王莽，而赤眉军又不如更始皇帝。这时人民又开始思念起更始皇帝了，赤眉军怕更始皇帝再乘机即位，暗中将更始皇帝给勒死。

建武二年（公元二六年）的正月，朝中举行大典。刘盆子的堂哥刘恭等典礼结束，立刻站起来，朝樊崇拱手行礼，说："承蒙各位的爱护，立我的堂弟当皇帝，可是一年多来，由于他年纪太小，一点事也没有做，这样会耽误国家大事。我看，还是让他做老百姓，放羊去吧！请各位另请有贤能的人为王。"

刘恭一再恳求樊崇换人，樊崇非常不高兴，瞪着眼睛问："这是皇帝的事，跟你有什么关系？"

刘盆子看见堂哥挨骂，想起他堂哥背后教他说的话，便从皇帝的宝座上跳下来，解下印绶，扑通跪在樊崇面前。

"你们逼我当皇帝，大家才有官做。可是你们看看，现在你们还是像强盗一样到处抢劫，到处闹事，老百姓都骂我，叫我怎么再当下去？"

刘盆子早就厌烦这种生活，说着说着，就号啕大哭起来。

"求求你们饶了我吧！你们不肯放过我，我就死在你们的面前……"

说完就做出要撞墙的样子。

樊崇和其他的大臣慌张地跪在地上，请求刘盆子冷静，并且好言好语地说："臣等从今天起，再也不敢乱来。"

大臣们扶起刘盆子，替他挂上印绶，刘盆子仍然吵闹不休。一个欢乐的场面想不到变成这样。那些肆无忌惮的大臣听了刘盆子的话，觉得也有些道理，因此都告诫他们的部下，不准在外面欺压百姓，长安城因此有了片刻平静。

可是那些乌合之众没过多久又到处抢劫人民财物，等长安城再也没什么好抢的，索性一把火把宫殿烧了，带着刘盆子往西北逃去。

赤眉军逃到西北，遭到隗嚣大军的抵抗，又正好遇到大风雪，被冻死的不知道有多少。赤眉军想要退回长安，到汉中时碰上了刘嘉、延岑的军队，被打得节节败退，残余下来的赤眉军只好逃入深山。

汉光武帝知道赤眉军往东逃走，派侯进在新安等候，耿弇在宜阳埋伏，形成一个袋状的形势。

光武帝吩咐各队的将士说："赤眉军如果往北逃，宜阳就跟新安的大军会合；赤眉军如果往南逃，新安就跟宜阳的大军会合，保证赤眉军一个也跑不掉。"

这时候，征西将军冯异在华阴跟赤眉军作战。邓禹从渭北被召回来，因为他没有平定关中，觉得很没面子，便跟冯异商量，计划合力攻打赤眉军。

他们打了一天，赤眉军丢弃了很多载运粮食的车辆。连日打仗，邓禹的兵士正饿得慌，见了粮食，都争先恐后地抢。不料车子上面是粮食，底下却是大石头。等汉军发现上当，已经被赤眉军团团包围。邓禹最后剩下的数十名骑兵没命地逃往宜阳，见了汉光武帝就自动请求处罚。因为他曾立过大功，刘秀并没有责怪他。

后来，赤眉军乘胜到崤（xiáo）山。冯异挑选了最精良的人马，打扮成赤眉军的样子，预先埋伏在山旁。第二天，赤眉军进了山区，冯异的大军冲出来。樊崇来不及起疑，就被假扮的赤眉军打得落花流水，一场大战下来，死伤八万多人。

赤眉军首领带着残余的人马逃往宜阳，汉光武帝早在那里等候了。樊崇看到处都是汉军，不禁心惊胆战，便请刘恭出面投降。

刘恭问光武帝："刘盆子带百万赤眉兵投降，陛下会如何待他？"

"不杀你们就是。"光武帝笑着说。

于是樊崇带着部将三十多人，袒胸露背地献出传国的玉玺。

第二天，光武帝下令杀猪宰羊，让那些赤眉兵痛快吃喝一顿，并且带着樊崇和刘盆子在洛水旁参观整齐、壮大的汉军。

一排一排士气高昂的汉军从面前走过时，光武帝回过头跟赤眉军首领樊崇说："虽然昨天你们投降了，不过我还是给你们反悔的机会，我们可以再较量一下。"

樊崇连忙摇头说："不不不……我们今天投降圣朝，就好像回到母亲的怀里一样，高兴都还来不及，哪里会后悔呢！"

后来光武帝给他们田地、房子，把他们安置在海阳一带，定居下来。

赤眉之乱总算平定，可是关中一带经过连年的灾荒和战争，已经一片荒凉，百姓用一斤黄金才能换到五斗的豆子吃。冯异请求皇帝运来大批粮食，救济饥民。

建武四年（公元二八年），光武帝收复了长安和洛阳，关中一带暂时平静下来。

汉光武帝刘秀平定了关中，但天下仍是分裂的局面，有的人称王，有的人称帝。刘秀消灭王郎、赤眉和铜马贼后，当时对他威胁最大的，是北方的渔阳太守彭宠。

彭宠自以为功劳很大，应该受到光武帝的重用，光武帝却派他的部下朱浮当幽州牧，驻守在蓟城。彭宠仍然当太守，心里很不满。他看不起朱浮，根本不听他的指挥。朱浮便将这情形报告了光武帝。

光武帝调彭宠入朝。彭宠个性很强，知道是朱浮暗中打小报告，非常恼怒。

他的妻子也很气愤地说："天下还没安定，到处都有人称王，谁比得上我们渔阳的兵强马壮，我们为何要受他们的气？"

彭宠听了妻子的话，立刻结合张丰叛变。朱浮写了一封信，严厉指责彭宠的不对。彭宠看了朱浮的信后更气，想要联合上谷太守耿况打朱浮，耿况不答应，彭宠便独自出兵攻打蓟城。

朱浮在蓟城被围了一年多，兵员和粮食快用尽时，幸亏有上谷太守耿况的支持才逃出来。彭宠则占领蓟城，自称燕王，并且结合北方的匈奴，形成一股强大的反抗力量。

光武帝不希望看到彭宠的势力继续扩大，想亲自征讨。

司徒伏湛劝说："现在中原比渔阳更重要，中原还没平定，何必劳动陛下亲自出征？”

光武帝派大将军朱佑、建威大将军耿弇等人分批去打涿鹿的张丰。张丰大败。彭宠见张丰被杀，顿时豪气全失，一天在书房睡觉，竟被他的部下杀死。从此光武帝除去了心中的大患。

当时北方局面混乱，南方江淮一带更乱，最大的一股反对力量是睢阳的刘永，他也是刘家的后代。这时形成南北对峙的局面，光武帝在洛阳称帝，刘永在睢阳称帝。

后来光武帝消灭了刘永，剩下实力雄厚的张步。光武帝又派耿弇从河北赶到山东去讨伐张步。张步派费邑把守祝阿（山东长清县东北），并且在泰山钟城一带部署重兵，防守得相当严密。但祝阿的兵很快就被耿弇打败。耿弇还故意留下一条出路，让费邑的兵马逃往钟城。钟城的守军听说耿弇太厉害，吓得连打都没有打，就逃到历下（山东历城县西）去了。

耿弇放话，说他在三天之内要全力进攻祝阿东南方的巨里，费邑急忙让他弟弟费敢率领三万精兵支援巨里。

耿弇知道后，高兴地说：“费邑这小子中计了。历下城很坚固，一时很难打得下来，我故意散布谣言，说在三天之内攻打巨里，为的就是要分散费邑的兵力，再全力攻打他。”

耿弇派三千人去攻打巨里，他自己则埋伏在险要的地方准备突袭费邑的援兵。不出耿弇所料，费邑的救兵果然全数被耿弇歼灭，费邑也在乱中丧了命。

巨里城上的守军看见费邑的头被挂在竹竿上，大吃一惊，纷纷夺门逃命。耿弇轻易地消灭了费邑，占领巨里，而后又指挥大军往东前进。

在剧城的张步听到费邑大败，马上派他的弟弟张蓝率领二万人守住西安（山东寿光县南方），一万人守临淄，两地相距四十里路。耿弇则带领大军守在两城中间的画中。

张步防守西安的兵力很强，城虽小却不易攻打；临淄城大，防守的分子却复杂，照判断应该较易取下。耿弇传话说，要在五天之后攻打西安，实际却悄悄连夜进攻临淄，不到一天就取下临淄。张步孤军奋斗，最后放弃西安逃往剧城。

耿弇在后面追赶，士兵喊着要活捉张步，张步听说后气得暴跳如雷。

“小小的耿弇竟敢这样狂妄。想当年，我十万大军都不怕，还怕你一个小小的耿弇不成。”

张步亲自带着张蓝、张弘和张寿及二十万大军，跟耿弇在临淄城以东一决生死。耿弇和张步打了几个回合，大败而逃。张步穷追不舍，一直追到城下，左边突然冲出一批人马，才一转眼，右边也跑出一批人马，张步中计了，被困在重围中。

两军人马在城下一来一往，交织成混乱的局面。耿弇在临淄城上等待时机，而后佩上盔甲，跨上马，从斜处杀出去。

“嗖——”

耿弇没留意，一枝箭射入他的大腿。他忍痛砍断箭杆，箭头还留在腿上，鲜血不停地流。耿弇面不改色，继续与敌人作战。直到日落西山，双方的军队才鸣金收兵。

第二天，张步又攻打临淄，汉光武帝亲自带领大军，浩浩荡荡朝着临淄前来。有人劝耿弇休息一天，等皇帝来了再打。耿拿哪里肯听，又出城和张步交战。

一天下来，张步的军队只剩下少数士兵，多数都狼狈逃走了。从临淄到剧城的途中，死伤遍野，半路又遇到耿弇的伏兵。等他逃回剧城，身边只剩下几个人了。

汉光武帝到临淄设宴慰劳士兵，大大夸赞耿弇说：“想当年韩信攻破历下，奠定了胜利的根基。今天耿将军攻打祝阿，大获全胜，使汉军士气大振，这是很了不起的功劳。但是耿将军攻打的是强劲的敌人，所以比韩信更了不起。”

从建武元年起到这时，光武帝先后削平了割据称王的彭宠、张丰、张步等人，总算可以稍稍喘口气。但是陇西的隗嚣、蜀汉的公孙述兵力都很强大，光武帝早在三年前，就计划要收复陇西和蜀汉了。

后来这两处也都陆续平定，到了建武十三年（公元三七年）的春天，终于统一全国。光武帝在洛阳开庆功宴，一口气封了三百六十五名功臣。

通过十三年的艰苦奋斗，光武帝终于完成汉朝的统一大业。

开发西北的马援

汉光武帝刘秀经过多年的奋斗，完成统一大业。但是中国的边疆还有未归顺的羌戎（qiāngróng，泛指我国西北部的少数民族）、匈奴。由于王莽作乱，原来归顺中国的边疆民族又渐渐跟汉朝疏远，尤其是羌人更加猖獗。现在国内局势已定，光武帝开始注意到边疆国防，于是派陇西太守马援去讨羌乱。

马援是扶风茂陵人，家世很好，有三个哥哥在王莽时期都当过大官。

马援十二岁那年父亲就过世了。父亲死后不久，有一天用餐时，马援一口饭也咽不下，一副愁眉苦脸的样子。

他大哥问："吃饭就吃饭，为什么发愣？"

"我，我吃不下。"马援低下头，说着就哭了起来。

"别哭嘛！"马援的大哥安慰他说，"父亲年纪大了，离开我们，大家都很难过，这也是没法子的事啊！"

"我不是想父亲，我……是不想在哥哥家里吃闲饭。"

马援的大哥听他这样一说，忍不住笑了。

"傻瓜！你不在哥哥家里吃饭，到哪里去吃？"

"我们有很多亲友在西北，我要到西北去。"马援正经地说。

马援的大哥有些惊讶，没想到弟弟小小年纪竟有这么大的志气。

"你很有志气。不过现在还小，等你长大再去磨炼自己，将来一定会有出息。"他夸奖弟弟。

"不，我现在就要去。"马援很坚持。

马援的大哥看他态度坚决，拗（ào）不过他，便答应让他到西北去。

马援满怀大志，正想前去西北创业，不料才准备出发，他大哥突然生病过世了，离家的事只好暂时搁下。

马援在家乡扶风郡当一名很小的官。一天，他押了一批囚犯到长安，一路上，囚犯不断向他诉苦，马援这才知道，原来有很多囚犯都是被地方官欺压的好人。他心中愤愤不平，也非常同情他们的遭遇，索性将他们放了，自己逃到西北去。

他在西北从事畜牧事业，由于经营得好，几年后成了有名的大财主。他很好客，喜欢帮助别人，因此结交了很多的朋友。

钱财对马援来说并不重要，他常常想，要做一番伟大的事业才能算是大丈夫。

“人有了钱，就是要救济别人，而不是只图自己享受，不然不是成了守财奴吗?”他这么告诉自己。

马援考虑了很久，决定将全部财产分送给亲友，自己只留下简单的必需品，过着平淡的生活。

汉光武帝想要平定西北隗嚣的势力和羌患。马援是隗嚣小时候的朋友，曾经劝过他投降，可是隗嚣不听。为了消灭西北的羌患，有人向光武帝推荐马援，光武帝便任命他为绥(suí)德将军。

马援一直在西北生活，非常熟悉当地的风俗民情。建武十一年（公元三五年），马援带了三千人将临淄一带的羌人打败，接受八千多人投降，获得牛羊一万多头。

在浩亹（亹，音 mén；青海省乐都东部）那里还有几万羌人，马援知道他们躲藏在山中，便出兵突袭，羌人又逃入唐翼谷。马援派骑兵绕道山后，趁夜放起大火，羌人在慌乱中死了不少，剩下来的都逃往西北山中。于是马援又获得很多羌人的粮草。

汉光武帝得知马援大胜后，派人慰劳他，并且赐给他很多东西。马援把皇帝的赏赐分送给部下和宾客。朝中有人主张不要再处理羌人地问题，马援却不那样认为。他上书给光武帝，说西北地区很大，有肥沃的田地，如果不认真经营，将来落在羌人的手中，会给汉朝留下很大的后患。

光武帝接受马援的意见，继续开垦土地，发展水利，鼓励人民从事生产，使得原本一片荒凉的西北，变成了富足的地方。

建武十三年（公元三七年），羌人联合起来侵扰汉军。马援带领四千人，将羌人打得落荒而逃，有一大部分都投降汉军，陇西一带又有了暂时的安定。

六年后，马援被调回朝廷当虎贲（bēn）中郎将。马援有学问又会带兵打仗，平日谈话很有礼貌，所以大家都喜欢他。每次在朝中讨论事情，他总是说得头头是道，理由充足。光武帝每次听过他的意见，总会笑着说："只有马援的话最合朕的意思。"

马援回朝不久，南方的交趾发生了叛乱。交趾就是现在越南北部的地方，在秦汉的时候是中国领域，因为离京城太远，国家强盛的时候都很顺服，国家混乱不安的时候就纷纷各自称王。

建武十六年（公元四〇年），交趾地方有一个武艺高强的女人，名字叫征侧，她因受了交趾太守的欺侮，一气之下就和妹妹起来造反，一连攻下六十多座县城。事后，征侧自立为王。

汉光武帝命马援为伏波将军，带领了几万人由水路往南方讨伐交趾。半路上，楼船将军殷志因传染病而死，由马援独自指挥大军。

军队从洛阳出发，经湖南长沙到交趾。这段路途非常遥远，很多地方还没有开发。山中雾气很大、瘴气（瘴，音zhàng；热带或亚热带山林中的湿热空气）很重，非但人受不了，连鸟都难以飞越，一只一只从天上摔下来。马援遇到山，没路就开路；遇到河，没桥就搭桥。所以一千多里的路，竟花了一年多的时间才到达。到了浪泊，马援歼灭了征侧姐妹，消息传到洛阳，光武帝马上传下圣旨，在阵前封马援为新息侯。

马援又继续铲除了征侧的余党，再开始从事交趾地方的建设。他每经过一个地方，不但和当地人打成一片，还顺便宣扬大汉的文化。他也改善当地不合宜的习俗，规定人民一定要从事生产，大家也都很乐意配合。

建武二十年（公元四四年）的秋天，马援回到洛阳，受到英雄般的欢迎，朝中的官员和亲友们都来道贺。

马援最好的朋友孟冀也来了。看到老朋友，马援不觉皱皱眉头，心想，孟冀是最知己的朋友，为什么也跟别人一样凑热闹呢？他不高兴地问："别人做这种无谓的事也就算了，我们是多年好友，你难道还不了解我吗？"

孟冀本来想说些奉承话，听了马援这么一说，脸红得像猪肝，要说的话全给咽回去了。

马援不管孟冀高不高兴，又说："当臣子的人不能贪图安逸，现在南方平定了，北方还很乱。大丈夫应当战死疆场，以马革裹尸被运回来才光荣，哪能整天守在妻子儿女身边呢?”

马援很讲义气，对朋友热情，说的话虽然不中听，孟冀也不在意。

从南方回到洛阳不到两个月，北方传来匈奴联合乌桓入侵陕西扶风的消息。陕西扶风是汉代祖先祠堂的所在地，马援自愿去打匈奴，保卫汉代的宗祠。敌人听说马援要来，还没看到军马，早就逃得无影无踪了。

不久，云南和湖南一带发生蛮变。由于云南境内都是高山峻岭，瘴气重，交通不便，加上语言不通，风俗习惯也不同，所以那里的蛮人时常和汉人发生冲突。

建武二十三年（公元四七年），蛮人首领带大批的人扰乱武陵郡。汉光武帝派两批人马前去平定，汉军对蛮荒地方不熟悉，遭到蛮人的袭击，全军覆没。

马援听到汉军打败仗，心里非常焦急，请求光武帝让他带兵征蛮。这时他已经六十二岁了，汉光武帝怜恤他年纪太大，不敢答应他的请求。

个性坚强的马援听说光武帝不答应，很不客气地说：“臣年纪虽大，但还能骑马上阵，并不比年轻时逊色呀!”

光武帝仍然不答应。马援当着皇帝的面拉来一匹马，精神抖擞地跃上了马背，丝毫看不出老态。

光武帝笑着说：“你真是老当益壮啊!”

他因此答应马援带着耿舒等人和四万大军，到南方平定蛮夷之乱。临行前，马援心里有预感，知道他走了之后，朝中那些年轻的大臣会暗中挑拨，便对朋友杜愔说：“我年纪大了，一辈子受国家的恩典，有机会总想全力报效。朝廷里有些年轻的大臣与我不和，我并不在乎；我不怕为国牺牲，只怕那些家伙坏事。”

建武二十五年（公元四九年）的秋天，马援的大军在秋风呼啸中从洛阳出发，到了湖南的临乡，已经是第二年春暖花开的季节。进入蛮荒地区有两条路，从壶头进入比较近，但是山路险要，路况较差；由充县进入比较远，但是路况较好。

耿弇的弟弟耿舒主张走好走的路，马援有不同的看法，他说：“我们人多粮食少，在路上已经耽搁太久了，必须速战速决，才可以节省人力物力。只要控制住主要的通道，一定可以消灭敌人。”

最后汉军决定走山路。进入壶头峡口后，四周都是悬崖峭壁或谷中湍急的溪流，几乎是不见天日，道路崎岖难走，一天进不了几里路。马援虽然自认勇健，仍然不堪长途的劳累病倒了。峡谷里闷热得像蒸笼，马援下令在山谷中挖洞避暑。大家还没能喘口气，山腰又传来咚咚的战鼓声，马援撑着身子站在洞口，看到远处都是蛮人，又喊又叫，来势汹汹。

“弟兄们，开攻啊！”

马援顾不得自己的身体，带病指挥大军抵抗。马援身边的将士看到他不受疾病影响，依旧指挥作战，都非常感动，于是大家也鼓起勇气，迎战敌人。

在生死关头，耿舒不但不合力作战，反而怀恨马援当初没有听他的建议，才使全军陷入困境，于是派人回京，禀告皇上有关马援的一意孤行及目前的严重伤亡。

光武帝听到马援打败仗的消息，大吃一惊，立刻派自己的女婿梁松代替马援。梁松有皇帝撑腰，过去跟马援并不和睦，此次，他想趁机报复马援；只是到了前方，马援已经病故。

梁松心有不甘，跟耿舒联合上书，将马援失败的原因报告皇上。光武帝原本就为战事迟迟没有佳音而烦恼，看了耿舒和梁松的报告后，心里更气，立刻下令收回马援新息侯的印绶。

马援的事情并没有因此而结束。过去马援到交趾攻打蛮人，回来时带了一些治病的草药，有人误以为是整车的珠宝，那时皇帝很信任马援，没有人敢公开质疑他。现在马援打了败仗，人也死了，朝中梁松、耿舒那些素来嫉恨马援的人并不善罢甘休，又把过去的事搬出来，捏造事实，硬说那些草药是珠宝，纷纷上书给皇帝，说马援早发了大财。

光武帝看了那些有关珠宝的报告，更加恼怒。马援的尸体运回洛阳后，他的妻子用简单的仪式将他埋葬了，然后全家人以草绳系头，匍匐在皇帝面前，代替马援向皇帝请罪。光武帝看了这种情形，想起马援也为国家立了不少功劳，觉得很对不起马援，便将梁松送来的报告交给马援的妻子看。

马援的妻子看过后，知道她的丈夫受人陷害，于是多次上书皇帝，说明马援一生磊落，运送的是能医人病的草药，不是中饱私囊的金银财宝，才得以洗刷马援的罪名，也恢复了马援的名誉。

光武求治

勤俭、爱民、仁慈和尊重自由，是汉光武帝治理国家成功的原因。光武帝出生在民间，所以很了解人民的生活情形，他完成统一大业后，并不自满，相反的，他处理事情更加小心，做任何事都先想到百姓。

经过多年的战乱，如今最重要的是先安抚人心。光武帝提倡简朴的生活，鼓励人民生产，并且以身作则，他的臣子和人民也追随效法。因此朝中有很多好臣子，社会上有很多有气节的读书人，国家也有了新的气象。那时候有个奇特的人叫梁鸿，从他的一则小故事，就可以看出当时人民重气节、爱好自由的情形。

梁鸿小时候家里很穷，上进的他在长安读书，靠养猪维持生活，偏偏他的运气不好，什么倒霉的事都让他碰上。一天，他家里失火了，还延烧到邻居的房子。

邻居指着梁鸿，凶巴巴地说："你说，你要怎么赔偿我的损失?"

"我所有家当都烧光了，只剩下几只小猪，全送给你好了。"

"你的几只小猪怎么够抵我的家产。"那个邻居不肯罢休。

梁鸿知道自己不对，但是除了几只小猪，他确实一分钱也没有了。

“那么，我到你家做工来抵该给你的赔偿金好了。”

这个邻居喜欢占人便宜，就接受了梁鸿的条件。梁鸿毫无怨言地天天到邻居家做工，其他邻居看不过去，纷纷指责那人对梁鸿太严苛，那个贪心的邻居也觉得过意不去，便自动将小猪还给梁鸿。梁鸿不愿意接受，于是回到了故乡扶风平陵县。

梁鸿虽然很有学问，却独自过着清苦的生活，到了三十岁仍然没有成家。有人敬佩他的学问和高尚的人品，愿意将女儿嫁给他，他都谢绝了。没想到，他不娶那些有钱、年轻貌美的女子，却娶了一个长得很丑、又黑又胖的女孩。

那个女孩名叫孟光，很能吃苦耐劳，因为长相不好看，到了三十岁还没有人来提亲。梁鸿却很喜欢她，托人做媒，愿意娶她为妻。

结婚那天，新娘家里的人担心梁鸿看到孟光的长相，会心生懊悔，于是替新娘子涂脂抹粉，装扮得漂漂亮亮。可是婚后七天，梁鸿都不理睬新娘子。

新娘子忍不住了，跪在梁鸿面前说：“我很幸运能嫁给你，但是你一直不理我，我不知道到底什么地方得罪你了？”

梁鸿脸上没有一点笑容，很严肃地说：“我原来要娶的是一位讲究内在的患难知己，想不到你也是一个只注重外表的人。”

“我这样打扮，是为了你啊！”

“不，我不喜欢注重外表的人。”

新娘子立刻换上布衣，洗去脸上的脂粉，回复本来的样子。

梁鸿说："这才是我梁鸿的妻子啊！"

从此梁鸿和妻子在乡下种田织布，空闲时就作诗、弹琴、唱歌，日子过得很自在。

几年后，梁鸿到洛阳游玩，看到京城里繁华的景象，跟他的山居生活完全是两个不同的世界，一时心血来潮，作了一首讽刺的歌。

那时候已经是光武帝的儿子当皇帝的时代，梁鸿讽刺的歌传到宫中，皇帝很不高兴，派人捉拿作歌的人。梁鸿带着妻子逃到吴中，白天替人舂米，晚上跟妻子享受家庭的乐趣。夫妻间没有争吵，连吃饭都互相礼让。主人皋（gāo）伯通每天细心观察他们，发现他们虽然清贫却很快乐。皋伯通好奇地打听，才知道原来他就是有名的梁鸿，从此待他如贵宾。梁鸿生活安定了，便在皋家闭门读书。

在汉光武帝时代，有很多像梁鸿那样的人，他只不过是其中一个例子罢了。由于光武帝重视气节，他的一举一动也都成了人民的模范，对当时的社会风气造成很大的影响。

建武中元二年（公元五七年），是汉光武帝在位的最后一年。从推翻王莽，到削平赤眉军和占据各地的枭雄，他终其一生都在奋斗，在历史上也留下了"光武中兴"的美名。

第八章

明章盛世

◎勤俭爱民的皇帝

◎定远侯班超

◎贤能的马皇后

勤俭爱民的皇帝

在汉代的历史上，西汉在汉高祖之后有汉武帝，接着出现一个汉代盛世，称为“文景之治”。东汉经过汉光武帝的辛苦治国后，也出现一个盛世，叫做“明章之治”。

汉光武帝当了三十四年的皇帝，死后由他的儿子刘庄继位，就是明章盛世里的汉明帝。

明帝小时候喜欢读书，长得斯文灵秀，光武帝很喜欢他。

明帝很敬重朝中的元老大臣，也懂得用人，所以他当政的期间，虽然边疆发生西羌与乌桓闹事，但是很快就平定了。明帝在位时，可说百姓生活安定富足，天下太平。

明帝特别提倡仁爱精神，注重道德和教育。在光武帝时代，那些为国家出力的大功臣，像邓禹、耿弇、冯异等，都因为年纪大了，一个一个去世，明帝为了纪念这些人，特别在南宫云台上，画了这三十二位功臣的肖像，表示对他们的敬重。

有一天，明帝的弟弟刘苍到南宫云台看功臣肖像，回来后表情非常难看，一副不满意的样子。

“你觉得画得不好吗？”明帝问弟弟。

“很好！”刘苍绷着脸，没有一丝笑容，“不过，三十二位功臣中，为什么没有伏波将军？”

明帝听了弟弟的话，只是微微一笑，没有回答，眼睛却看向身边的马皇后。这时刘苍才恍然大悟。

原来，明帝的妻子马皇后就是伏波将军马援的女儿，明帝怕引起别人议论，所以功臣的肖像中没有伏波将军。

马援死后，他的女儿当上明帝的皇后。马皇后从小受父亲的熏陶，很懂做人做事的道理，当了皇后仍然谨守家规，不注重打扮，不穿华丽的衣服。后宫里的嫔妃见马皇后那么简朴，也都不敢太奢侈。

明帝非常关心百姓，也肯接受臣子们的意见。有一年发生大旱，农民的收成都不好，这时宫中却在大兴土木，建筑宫殿。大臣钟离意劝明帝不要把钱花在这些非紧急的事情上，明帝听了，立刻下令停工。钟离意勇于谏言，明帝反而更信任他，并请他推荐有才干的人为国家做事，于是钟离意推荐了一位义士给明帝。

这位义士叫刘平。在王莽大乱的时候，人民到处逃难，刘平的弟弟被强盗杀死，留下一个才一岁多的小女儿。刘平在逃难时放下自己的女儿不管，却抱住小侄女逃命。半路上，刘平的母亲饿了，他外出找食物时碰到一群强盗。强盗看到刘平长得白白嫩嫩的，就扑上来，穷凶极恶地扒光他的衣服，想把他煮来吃。

刘平并不怕死，只是心里惦念着老母亲，眼看快被丢进锅里了，他才哀求着说："各位，我刘平正在替母亲找食物，如果各位肯放了我，让我先喂饱母亲，我一定回来让你们烹煮。"

说完了，刘平跪在地上恳求。强盗虽然肚子很饿，但是被他的孝心感动，就将他放了。

第二天，刘平真的准时回到强盗那里。强盗看到刘平回来了，都不敢相信。

其中一个强盗佩服地说："你说话算话，真是了不起。"

强盗不忍心伤害刘平，又将他放了。

后来，刘平在彭城当官，遇到庞萌造反攻打彭城。郡守逃走时，被贼兵追到，大家挥刀乱砍。刘平奋不顾身地冲上前，保护郡守，结果自己反而挨了好多刀。

认识刘平的贼兵喊着："他是那位义士，不要杀他。"

郡守被杀后，刘平还护送他的尸体回家埋葬，他英勇的义举立刻传扬开来。

明帝接受钟离意的推荐，推举刘平为孝廉楷模，并且让他当县官。明帝这样做，就是要鼓励人民积极向上，培养良好的品德与情操。

明帝时代曾发生过一件不愉快的事。楚王刘英是明帝的兄弟，他是一名佛教徒，整天吃斋念佛；他也喜欢道家老子和庄子的思想，所以家中常有道士、僧尼进进出出。

一天，明帝做了一个梦，梦见一尊大金人，头顶上放射着白光，在大殿上空飞来飞去。明帝惊醒后，觉得有些奇怪。有个大臣说，那是天竺（我国古代称印度）之神，称为佛，并且将佛的法力大大赞扬一番。明帝听了非常感兴趣，便派蔡愔等为使者，前往西域月氏抄写很多佛教经典带回洛阳，也建了一座白马寺用来储藏佛经，供奉佛像。这是佛教传入中国的开始，对中国文化有很大的影响。

楚王刘英看明帝曾称赞他，便以为自己受到宠信，为了投其所好，更加勤快地焚香念经，画符念咒，他既像佛教又非佛教，既像道教又非道教的行为，只会让人觉得好笑。偏偏有些人为了迎合楚王，便假借他的名义到处惹是生非，做了很多既荒谬又犯法的事，因此民间到处流传着楚王的闲言闲语。

有人向明帝告状，说楚王要造反。若真有其事，依照王法，本应该治楚王死罪，但是明帝顾念他是亲兄弟，所以只废去他的封号，把他贬到丹阳，楚王一气之下就自杀了。明帝听说楚王死了，心里非常难过，下令将那些不法之徒，统统抓起来治罪。

后来，在楚王府发现一本秘密名册，其中有吴郡太守尹兴的名字，明帝下令将尹兴和他五百多个部下一起抓来问罪。

尹兴是个好官，老百姓都很喜欢他。他的部下陆续、梁宏和史驷为了要申冤，在狱中被打得半死，也丝毫没有露出害怕的样子。

一天，陆续一看见狱卒端饭来，就伤心地大哭。

“你不吃饭，哭什么?”狱卒有些不高兴。

“想不到我老母亲来了，我却见不到她的面。”

这餐饭确实是陆续的母亲托人送来的，狱卒很惊讶地问：“你怎么知道你母亲来了?”

陆续擦着眼泪说：“我母亲一向切肉切得方方正正的，切葱切得长短一致，非常整齐，我一看就知道了。”

香喷喷的菜饭摆在他面前，他只是哭，一口也不吃。狱卒看了心软，便偷偷让他和母亲见面。明帝听到这件事很受感动，就将尹兴和陆续一批人放了。

明帝的情绪容易激动，这也是他很大的缺点。有一次，侍御史寒朗为了一件案子顶撞了明帝，明帝大怒，命人把他拉下去廷杖。

“臣只要再讲一句话，死了也甘愿。”寒朗大声喊着。

“你还有什么话好讲?”

这时，被拖到殿外的寒朗激动地转过头来喊着：“臣冒犯了陛下，自当该死，但是我不愿意看到百姓无辜受害。现在朝中的大臣只知道迎合陛下的旨意，不管人民的死活。遇到陛下责问，只会跪在地上磕头，自称罪该万死，一旦出了宫门，又变了一副模样。臣的心口合一，说什么是什么，就算因此被赐死，也不在意。”

明帝听了寒朗的辩白，心里过意不去，便没再处罚他。

夜里，明帝翻来覆去一直睡不着，贤惠的马皇后婉转地问他：“心里有事就说出来吧!”

明帝于是将白天的事情一一告诉马皇后。马皇后很明事理，能够站在那些罪人的立场着想，认为明帝可能冤枉了许多好人。

第二天，明帝听了马皇后的劝告，亲自到狱中实地了解犯人的情形，一天里便放出了一千多名罪犯。但是，纵使如此，也不知道已有多少人无辜送命了。

有位老学者叫薛汉，莫名其妙被判了死刑，尸体放在大街上，大家怕惹祸，都不敢去帮他收尸。

有个年轻的读书人叫廉范，看到薛汉曝尸街头，不忍地痛哭，并买了一口棺材将他埋了。官兵以为廉范是薛汉的同党，便将他抓起来问罪。

"你是薛汉的什么人?"

"他是我的老师，做学生的难道连替他收尸都不行吗?"廉范义正词严地说。

明帝看廉范说话文雅，又是个很有正义感的人，便追问:"你姓廉，跟廉颇将军有没有关系?"

"那是我的高祖父。"

明帝得知他是名将的后代，又听说他是个孝子，不但没有治他罪，还封他为温县县官。

廉范小时候跟着祖父住在益州，王莽当权时天下大乱，祖父讨伐赤眉军死了，父亲也死在四川，廉范便回到故乡杜陵。他十五岁那年，局势已安定，他想起死在四川的父亲，便独自去运回父亲的灵柩。他母亲认为路太遥远，他年纪又小，不肯让他去，可是他整日恳求，最后母亲只好答应，找个正好要去四川的人带他一起去。

当时的四川蜀郡太守是廉范祖父的部下，特别派人照顾他，还送他旅费。廉范不肯收，说要用自己的力量将父亲的灵柩送回故乡。

不幸，廉范从四川回来时，经过滩多水急的地方，船翻了，船上的人纷纷逃命。他抱住父亲的棺材随着湍急的河水往下流，被救上岸来时，差点连气都没了。廉范几经周折才把父亲的灵柩送回故乡，从此人人都知道他的孝行。

廉范长大以后，在洛阳薛汉的门下读书。陇西太守邓融知道廉范的事迹，请他当功曹。不久，邓融被人控告，送往洛阳受审，廉范知道事情严重，便辞职不干。

邓融被人诬告，心情大坏，一听廉范辞职，更是恼火，暗地里说："我平日对他不薄，想不到在我遭遇困难的时候，他竟避得远远的，我真是看错了人，原来廉范只是个空有虚名的势利鬼。"

邓融在狱中受了很多苦，多亏有个狱卒偷偷在暗中照顾他。邓融每次看到那位好心的狱卒，都觉得他很面熟，怎么看都很像廉范。一天，他再也忍不住，便开口问那狱卒。

"你怎么长得像廉功曹呢？"

狱卒瞪着眼睛骂着："你眼睛瞎了？死到临头还乱认人。"

邓融一看狱卒说话这么凶，只好闭嘴。

其实这个狱卒正是廉范。原来他看到邓融被关入狱中，就赶先一步辞职，离开陇西再赶往洛阳，改了姓名在洛阳当狱卒。邓融在狱里的时候，廉范一直暗中照顾他，直到邓融出狱生病死了，廉范又送他的灵柩回到他的故乡。

廉范后来在云中与匈奴作战，立下大功，当上武威郡的太守，不久皇帝又派他当蜀郡太守。他每到一个地方，都能把当地治理得很好，非常受老百姓赞扬，是汉明帝时代一位很有名望的大官。

定远侯班超

中国北方的匈奴，在汉光武帝的时候分为南北两部分，南边的匈奴变成汉代的藩属，北边的匈奴却一直不断扰乱边境，烧杀掳掠，致使人民损失惨重。

汉明帝永平十六年（公元七三年），耿秉连连上书，请求讨伐匈奴。经过详细计划，汉军兵分五路，从平城、高阙、张掖、居延、酒泉等地出发。其中只有第四路由窦固、耿忠的人马一路打到天山，占领了伊吾卢，获得大胜，其他几路汉军都没有战绩。在这次远征中，出现了一位英雄人物，就是历史上有名的班超。

班超的祖父班彪是个有名的文学家。班超有个哥哥叫班固，一个妹妹叫班昭。他们兄妹三个人因为受了父亲的影响，也都很有学问，很会作文章。

班彪去世后，班固整理父亲的资料，想仿照司马迁编撰一本史书。有人偷偷报告汉明帝，说班固在家里私自编修汉朝历史，诽谤朝廷。明帝下令，没收了班固所有的数据。

班超觉得哥哥并没有错，急忙赶到京城，上书给皇帝替哥哥申冤。明帝认为班超说得有理，就召见班固，问明他写书的原因后，便让他在宫廷藏书的地方专心编写汉书。

班超跟哥哥住在洛阳，在官署里当一名小书记，整天抄抄写写，桌上永远有一大堆抄不完的文书，这个差事又累人又枯燥。

每当班超看着做不完的事，脑中便浮现出使西域的张骞，心也如野马一样想奔驰到大草原。他多么想去创一番轰轰烈烈的事业！

一天，班超正在抄写文书，突然用力把笔一摔，自言自言说："男子汉大丈夫，应当志在四方，封万里侯，为国家做大事业，哪能把宝贵的时间浪费在抄抄写写的工作上呢！"

旁边的人看班超将笔丢在地上，口说大话，不但不认同他，反而嘲笑他。班超表情严肃地看着大家，对着嘲笑他的人说："你们这些家伙，哪里懂得什么叫志气。"

于是他辞职回家了。

有一天，他在街上走着，被一个看相的人拉住。看相的伸出大拇指，满脸笑容地告诉他："老兄的面相真不坏啊！"

"什么坏不坏？"

"你看，你长得是'燕颔虎颈，飞而食肉'，这是万里侯的相貌啊！"看相的人咬文嚼字地说。

"你少胡说了。"

"老兄的面相太好了，将来一定封侯！一定封侯！"看相的人仍然频频点头。

班超一时高兴，将身上仅有的几文钱全塞给了看相的人，然后踏着轻快的脚步走了。

他没有工作，每天都很无聊，时间在他的身上似乎流得特别慢。到了汉明帝永平十六年（公元七三年），窦固去打匈奴，班超一看机会来了，便自告奋勇去从军。窦固征服伊吾卢后，班超奉命带了郭恂等三十六个人去安抚西域。班超首先来到西域第一个小国鄯（shàn）善。

鄯善国王听说汉朝的使者来了，便热烈地欢迎。可是不多久，他的态度却变得很冷淡。一向心细的班超仔细观察后，发现原来是匈奴的使者也来了。

班超邀集三十六个伙伴到他的营帐中边喝酒边聊天，喝到高兴时，班超压低嗓子说："大家有没有注意到，最近鄯善国王对我们的态度变了？"

"是有点不一样，国王对我们不像原来那样有礼貌了。"

"你们知道为什么吗?"

大家都摇摇头，回答不出来。

"匈奴的使者来了。"班超低声说："因为他们怕匈奴，所以才改变对我们的态度，接下来说不定会做出对我们不利的事。"

伙伴们听班超这样一说，酒也喝不下了，每个人都显得很不安。

班超镇静地说："大家跟我来到这么远的地方，当然也希望能平安回家。现在我们的处境虽然危险，不过只要大家共同研商出好法子，我相信一定可以平安离开的。"

听了班超的话，原来已有些醉意的人这时候也都清醒过来了，大家异口同声说："就算要死，弟兄们也要一起死！我们完全听你的吩咐。"

班超告诉大家，他准备趁匈奴使者没有提防的时候，带人去偷袭他们的营地，将匈奴使者杀死。

这时候，营帐外刮起狂风，风声呼呼地吹着。班超高兴地说："老天爷在帮我们忙。"

半夜，狂风呼啸，班超派十个人带了鼓，悄悄躲在匈奴的营帐外面。另有二十个人分成两队，各自携带武器由班超领队。他告诉大家，看到远处起火，就开始进攻。

夜黑风大是最好的偷袭时机。当大家匍匐到了离营帐不远的地方，就开始放火。一时火光冲天，战鼓齐鸣，汉军一拥而上，在营帐中的匈奴使者从睡梦中惊醒，还没弄清楚是怎么回事，就被汉军杀了。

班超将匈奴使者的头拎来给鄯善国王，国王看了吓得浑身发抖，表示愿意归顺汉朝，而且以他的儿子当作人质，保证不再变心。

窦固知道班超这边的情况后，怕他兵力不足，想给他增加人马，让他继续去安抚于阗（tián）。

班超回复窦固说："三十六个人足够了。人多意见多，有时候反而会误事。"

班超又带着人往西走。这时候他们离阳关有三千五百里远了。于阗是西域的大国，在鄯善国和莎车中间。于阗的国王广德不久前刚打败莎车，又有匈奴撑腰，根本不把汉朝使者放在眼里。广德看班超来了，虽然不拒绝，但也没表示欢迎。

匈奴派到于阗的使者，不愿于阗国王跟汉朝交往，想从中挑拨，破坏两国的关系。于阗国王广德很迷信，对宫中巫师的话言听计从。匈奴的使者因此假借巫师的嘴，驱赶汉朝使者不让他们留在于阗。

有一天，于阗国王慌慌张张地来告诉班超："给我一匹你们的马吧！"

"你要我们的马做什么？"

"神巫说，要用汉使的马来献给神灵，不然会降灾祸给我们。"

班超知道这是匈奴在搞鬼，便假装不在乎地说："好！为了神明，我的马可以送给你，但是为了表示对神的敬意，我要当面献给神巫。"

于阗国王听了很高兴，急忙跑去告诉巫师，说汉使要亲自送马来。可是谁也没想到，班超在献马的时候，竟然一刀将巫师杀了。

于阗国王见班超献马回来了，高高兴兴地迎上前去。

“神巫呢?”

“神巫?”班超故意问，“哈……哈……神巫在这里!”

班超将巫师的头拿给于阗国王看。

“什么?你……你将神巫杀了?”

“对!你们对待大汉的使者太无礼。你想想看，我连神巫都不怕了，难道还怕你们?”

“这……”

于阗国王把魂都给吓掉了，一看汉使连法力无边的神巫都敢杀，立刻“扑通”一声跪在地上，向班超求饶，并且答应跟汉朝和好，断绝与匈奴的往来。

西域其他的国家听说于阗跟汉朝和好，接受了大汉的赏赐，也都自动派使者到洛阳去受封。

西域的龟兹（qiūcí）国长久以来一直压迫疏勒人，班超也借这个机会帮助疏勒人打败龟兹，班超在西域就更声威远播了。

班超安抚西域成功是国家的一件大事，想不到消息传到京城时，汉明帝已经去世。十八岁的太子刘炟（dá）继承帝位，他就是汉章帝。

正当汉朝在举行明帝葬礼的时候，西域地区又发生了变化，汉军与匈奴发生激烈的战争，双方的损伤都很惨重。汉章帝下令撤销西域都护，召班超回京城。

疏勒的人民听说班超要走，怕龟兹报复，都非常难过。

班超路过于阗时，于阗人民也舍不得班超离开，所有的王侯都跪在地上，围着班超哭。班超骑在马上，强忍着眼中的泪水和大家告别，看到这种场面，他念头一转，咬了咬牙，从马上跳下来说："我决定留下来和大家在一起。"

送行的人听说班超不走了，欢呼的声音震动了天上的飞雁。班超又回到疏勒。

三年后，班超认为恢复大汉声威的时机到了，因此在建初五年（公元八〇年），上书给章帝，要求征服诸夷，重建大汉天威。

章帝看了班超的上书，想要派人去支持班超，朝中大臣都默默不语，没有人愿意到边疆。只有一个叫徐干的人愿意带一千人去帮助班超。

班超计划北伐龟兹，南讨莎车，但是一千人怎么够？班超提议联合乌孙，请求皇帝增加八百人支持。

莎车是西域南道最西的国家，跟北边的龟兹关系良好，要讨伐莎车，必须先制伏龟兹。但是这两国之间有许多小国，有些与汉朝交好，有些则亲近龟兹，莎车便利用机会从中挑拨。班超攻打莎车时，疏勒发生叛变。班超用外交手腕平定了疏勒的叛变，再带着于阗、疏勒的军队二万五千人大举进攻莎车。莎车向龟兹求援，龟兹王带领四个小国的人马共五万人，跟班超的大军正面交战。

由于双方军力相差悬殊，班超被前后夹攻，再不撤退必定全军覆没。于是他和于阗王的士兵分东西两路撤退，分散敌人的兵力。撤退时，还故意放了几个俘虏，让他们去传话，泄漏汉军的行动，好让龟兹上当。

龟兹国王正在军营讨论作战计划，有人进来报告。“刚刚从敌方逃回来的人说，班超和于阗王分别从东西两路逃走了。”

龟兹国王不知是计，听了哈哈大笑。“追呀！我要活捉班超。”

龟兹王带一万人去活捉班超，另外派八千人去拦截于阗王。

走了几十里路后，班超看看天色已晚，下令扎营休息。等到夜里，突然下紧急命令，和于阗王带领的士兵会合，在月黑风高的晚上，直朝莎车王大本营杀去。

由于莎车的兵力分散，敌不过班超，结果大败。当龟兹的救兵赶来时，莎车王早已向班超投降了，其他残余的士兵也全一哄而散。

班超这一次的大胜利，震撼了西域各国，几乎没有人不知道班超的大名。

汉章帝去世后，由他的儿子刘肇继位，就是汉和帝。和帝永元元年（公元八九年）班超降服莎车、龟兹，汉朝声威大震西域。西方有个月氏国，因为景仰汉朝，要求跟汉朝和亲，班超不答应，月氏国王大怒，在永元二年（公元九〇年）发动七万大军攻打汉军。

月氏的大军越过葱岭，准备攻击班超。汉军的将士听说敌人有七万多，都非常恐惧。

班超对大家说：“月氏的人虽多，但他们必须越过葱岭，经过一段很长、很不好走的路程，等他们到了这里，已经是精疲力竭，兵困马疲了。到时我们以逸待劳，一定可以打败他们。”

不久，月氏的大军来了，班超却坚守城池，紧闭城门，根本不和月氏交战。拖了一天又一天，月氏大军的战斗力渐渐消失，粮食也消耗得差不多了。为了增强兵力，月氏派使者带了大批的珠宝去求龟兹帮忙。班超早就料到月氏的企图，派人埋伏在半路，杀了月氏的使者，截回大批的珠宝。

月氏的副王等龟兹的消息等得心焦，却音信全无。天亮了，月氏副王站在营外观看，抬头看到远远的汉军城上，高高挂着一个人头。

这时有人跑来报告：“派到龟兹的使者被班超杀了。”

月氏副王大惊：“人呢?”

“就挂在城楼上。”

月氏看到这种情形，知道要打班超很困难，便主动向汉军求和，愿意和汉朝结盟，并派遣使者向大汉天子朝贡。

永元三年（公元九一年）班超降伏了龟兹、姑墨、温宿三个国家。汉和帝又恢复设置西域都护，命班超为都护，封徐干为长史。最后剩下来的焉耆(qí)、危须、尉黎三个国家也一个一个被班超平定了。从此，西域五十多个国家都派遣使者向大汉国朝贡，连最远的条支、安息、大秦，也纷纷归顺汉朝。

班超投笔从戎二十年，他接到皇帝的赏赐和任命，不禁热泪满面，每一滴眼泪，都含有无限的辛酸。西域平服了，大汉的声威重振了，总算自己的心血没有白费。

班超不断派使者到各国去宣扬大汉文化，了解各国的风俗民情。和帝永元九年（公元九七年），班超派甘英到大秦、条支。

甘英经过许多有奇风异俗的地方，最后来到安息国的西方，遇到一片汪洋大海。

安息就是古代的波斯，也就是现在的伊朗。安息国不希望汉朝和西方的欧洲有来往，便吓唬甘英说，要三年的时间才能渡过大海，而且海上风浪很大，非常危险。甘英信以为真，便往回走。其实渡过大海就可以到古罗马，如果甘英不受骗，中国可能在东汉时就跟欧洲人有了来往。

故乡总是人们最怀念的地方，对班超来说也是一样。离开洛阳二十多年后，到了和帝永元十二年（公元一〇〇年），当初跟班超一起到西域的三十六个人都一个个去世了，他报效国家的心愿已经完成，心里却感到万分凄凉，因为故乡似乎在呼唤他。班超派他的儿子班勇回到洛阳，请求皇帝让他活着的时候回到故乡。

皇帝虽然同情班超，但是找谁代替他的职务呢？在迟迟没找到合适的人选的情况下，他也一直没有答应班超。

两年后，班超的妹妹班昭为了手足之情又亲自上书给皇帝，请求准许她哥哥早点回故乡。皇帝不忍心不答应，才派任尚代替班超担任西域都护，准许班超回京。

班超沿着葱岭，越过沙漠进入玉门关，沿途的风光跟二十年前一样，人事变化却很大。班超七十一岁了，从汉明帝永平十七年（公元七四年）到和帝永元十四年（公元一〇二年），汉朝经历了明帝、章帝和和帝三个皇帝，班超整整在西域奋斗了二十九年。

永元十四年（公元一〇二年）班超回到了洛阳，受到皇帝的召见和慰劳。由于西域到洛阳是一条非常遥远而辛苦的路，班超年纪大了，禁不起路上的颠簸折磨，一到洛阳就生病了，虽然延请最好的大夫给他治病，却一直不见起色。他八月回洛阳，九月，这位出使西域的大英雄就离开人间。人虽死了，但他的奋斗精神，他的智慧，他的勇气，都永远留存在中国人的心中。

贤能的马皇后

汉代的皇帝很重视孝道，在所有的皇帝中，又以汉章帝最提倡孝道，这全是受他母亲马太后的影响。

汉明帝时，贤良的马皇后就对明帝帮助很大。章帝即位后，虽然马皇后不是他的亲生母亲，他仍然尊称她为太后，因为马皇后从小把他抚养长大，他们母子之间有深厚的感情。

马太后是马援的女儿，从小家教良好，很有修养。她不求享受，也不仗恃地位去干涉朝政，不仅是个好皇后，也是个好母亲。

汉章帝即位后，提倡以孝治天下，第一个推举出来的孝子是江革。江革从小没有父亲，跟母亲过着穷苦的日子。王莽大乱的时候，强盗横行各地，江革背着母亲到外地避难，乱事平定后，才又回到故乡。

章帝即位后的第二年，各地发生旱灾，那些爱巴结逢迎的大臣不去设法救灾，反而为了讨好皇后，对皇帝说各地会发生旱灾，主要是因为没有封外戚当大臣的缘故。年轻的章帝为了表示对母亲的孝心，早就想要封他的舅父为官了。马太后知道了，脸色立即大变，把大臣送上来的奏章往地上一扔，问："这是谁的主意?"

章帝后退一步，扑通跪在母后的面前。

"请母后息怒!"

"你也不想想，明明是那些不安好心的人想要讨好你我，你还听他们的话。"马太后气愤地说。

章帝原是一番好意，不料竟惹母亲不高兴。

他解释说："舅舅们的官阶都很小……"

"这跟老天爷不下雨有什么关系？你别忘了，过去王莽有了权，一天封他们王家五个人为侯，结果弄得天下大乱……"

"那是王莽早就有野心……"章帝还想解释。

"你应该多了解一下历史的教训，凡是外戚掌权的朝代，没有不败亡的。"

"母后，我……"

"你的孝心我懂。要封官，在先皇帝的时候就封了。我一直很小心，就是怕娘家的人当权啊。"

"母后这么疼爱我，又不爱享受，所以……"

"所以才想要封你的舅舅?"马太后说，"千万不能这么做。我是一国之母，要当全国百姓的榜样，也要让宫里的人明白做人做事应该要谨守分寸。"

马太后取出一份外戚的名单，上面全是亲友的名字。

章帝接过来疑惑地问："这些人……"

马太后见皇帝的表情，笑着说："你以为我答应封我娘家的人了？告诉你，我不会做这种傻事。"

"那么，这份名单是要做什么呢？"

"这些人在举行庆典的时候，穿的衣服都太华丽，身后跟着一大群的侍从，生活太奢华，所以我要你取消他们的俸禄。"

"这不太好吧！"章帝露出为难的表情。

"你不能眼看着这些人整天穿得漂漂亮亮，到处炫耀而不采取行动，你想，老百姓看了心里会好受吗？"

章帝不敢再吭声。

马太后又说："娘家这些不知好歹的人，我小心不让他们恃宠而骄，他们都已奢华到这种地步了，如果再封他们官位，想想看，会变成什么样子呢？"

过了一些日子，章帝等母后把封舅父的事渐渐淡忘了，又委婉地跟母后说："三位舅舅地位太低，这样母后的面子不大好看。现在他们年纪也大了，应该给他们老人家一点荣典啊！"

"你怎么又提这种事呢？"马太后皱着眉头，不高兴地说。

"依照朝廷的习惯，舅父封侯赐爵，就像皇子封王一样，并没有什么不合理的。再说，将来舅舅老了，如果连一点保障都没有，那不是孩儿的罪过吗？"

"不要再说了！你要知道，皇后的娘家吃的住的全是由国家供给的，这还不够吗？为什么还要增加国家的负担呢？"

马太后知道章帝是一番好意，也不便严厉指责，便改用温和的口气说："你才当皇帝，要想法子为百姓解决问题，不要为了个人小事三番两次谈个不停，你不听母亲的话，就是对不起国家，就是对我不孝啊！”

章帝怕惹母亲生气，从此不敢再提替舅舅封官的事。马太后暗中嘱咐管事的人，马家的人要是为了私人的事情向官府说情，要立刻报告，知情不报照样治罪。

从此，不论宫里的人或是马太后娘家的人，都没人敢过奢华生活。

马太后还在宫中设置织布室，亲自教导宫女养蚕织布，有空就跟章帝谈论做事、做人的道理，教孙儿们读书。由于马太后处事公正，一切以身作则，所以宫里宫外没有人不钦佩她。

由于马太后的缘故，汉明帝和章帝时代，国家兴盛，社会安定，宫中没有发生宦官和外戚专权的情形。在汉代的历史上，马太后称得上是一位贤能爱民的好皇后。

为了帮章帝选后，马太后挑中两对姐妹花，一对称为大小宋贵人，另一对称为大小梁贵人。马太后最喜欢大宋贵人，希望封大宋贵人当皇后。可是皇帝自己又挑选了一对姐妹花——大小窦贵人。大窦贵人长得非常漂亮，最讨章帝喜欢，进宫不到一年就当了皇后，可是她没有生儿子，便收养了小梁贵人的儿子刘肇。

皇帝虽然最喜欢窦皇后，却也喜欢大小宋贵人和大小梁贵人，并且封大宋贵人生的儿子刘庆为太子。窦皇后很不满意，便回家跟她母亲诉苦，并且跟她母亲在宫中散布谣言，说大宋贵人在背后骂皇帝。

一天，窦皇后跟皇帝说：“皇上有没有听说大宋贵人在诅咒您？”

章帝很不耐烦地说："哎呀，这种话我最近可听多了。"

"陛下听到的只是其中一部分，还有更重要的呢！"窦皇后故弄玄虚地说。

"传来传去不都是一样。"

"不！他们还说……还说陛下没有资格当皇帝。"

"这什么话？我不能继承王位？谁能？"章帝抓住窦皇后的衣领，眼珠子都快掉出来了："说！她们还说了什么？"

窦皇后一看皇帝脸色大变，赶紧把头垂得低低的，下巴紧紧压在皇帝的手上，怕皇帝看出她说谎的表情。她知道自己的话生了效，就将皇帝的手慢慢推开，说："这种闲话太多了，我只是好意告诉陛下，您何必生那么大的气呢？"

"我怎么能不生气？"章帝把手用力一甩。

章帝一时冲动，竟废掉大宋贵人的儿子刘庆，另改立小梁贵人的儿子刘肇当太子。刘肇是窦皇后收养的，窦皇后当然高兴万分。从此大小宋贵人被打入冷宫，后来在后宫自杀了。

小梁贵人做梦也没想到她的孩子会当太子，整天欢欢喜喜的，逢人便得意地说："太子是我生的啊！"

窦皇后听了很不高兴，心里盘算着："我辛苦把别人的孩子养大，日后他只认自己的母亲不认我，我的心血不是白费了？"

于是窦皇后又开始挑拨皇帝和大小梁贵人的感情。

建初八年（公元八三年），有人告密大小梁贵人的父亲梁竦（sǒng）造反。梁竦在严刑拷打下死在狱中，梁家全都被贬到偏远的地方。不久，大小梁贵人也不明不白地死在宫里了。

皇帝最喜欢的两对姐妹花都被窦皇后暗中陷害，宫中所有的人都怕窦皇后，见到她如同见到老虎。窦皇后为了自己的利益，让哥哥窦宪当侍中虎贲中郎将，弟弟窦笃（dǔ）当黄门侍郎，兄弟俩仗恃着窦皇后这个后台，势力一天比一天大。章帝早听人说窦宪做了很多违法的事，但他只搁在心里闷不作声。

有一天，皇帝到窦宪家去，看见一座新建的大花园中有各式各样的花草，和说不出名字的珍贵鸟兽。他觉得这些奇珍异宝很眼熟，心中非常纳闷。回到宫中一盘问，得知那原是皇帝的妹妹沁（qìn）水公主的花园。皇帝追问窦宪怎么回事，他只是支吾其词，不肯说出实情。

皇帝派人调查，才明白是窦宪强占了沁水公主的花园。

皇帝叫来窦宪，劈头大骂："你这个大胆的奴才，竟敢欺骗朕。"

"微……微臣不敢。"窦宪斜眼看看窦皇后。

"不敢！你连公主都敢欺侮，其他的人就更不用说了。朕非杀了你这个败类不可。"

"陛下饶命，陛下饶命……"

窦宪一面在地上磕响头，一面使眼色向窦皇后求救。窦皇后知道欺君的罪是要杀头的，而且窦宪做得太过分，实在难以恕罪，却又不能眼睁睁地看着哥哥被处死，只好装模作样，一把鼻涕一把眼泪地哭诉，还做出要毁掉她美丽容貌的样子，来向皇帝请罪。

章帝连忙阻止窦皇后。她看皇帝心软，益发闹得凶。皇帝一直劝阻，窦皇后才好不容易停止哭闹。皇帝本来对窦宪的气被皇后这一闹，也就无心再追究了。经过这一次事件，窦宪不但没有改过，反而摸清了皇帝的弱点，表面上恭恭敬敬，背地里更加嚣张。

窦宪有皇后当靠山，更肆无忌惮地贪赃枉法，简直到了无法无天的地步。太尉郑弘上书给皇帝，窦宪得知消息，反而抢先打小报告说郑弘泄漏朝廷机密，皇帝立即降了郑弘的官阶。郑弘想告老还乡，也不获准，他一气之下病倒了，临终前，他心有不甘，又打起精神上书给皇帝，沉痛指责窦宪的罪状。

章帝看到郑弘的呈报，想当面查问清楚，可惜来不及见面郑弘就去世了，因此窦宪贪赃枉法的事也就没被追究。

章和二年（公元八八年），汉章帝正值壮年就因病去世，死时三十一岁。临死时，章帝眼看窦家人专横霸道，才想起当年马太后的话，但已经太迟了。窦家人的危害也给下一代留下无穷的后患。

章帝在位十三年间，除了重视孝道，也提倡经学，这段时期做学问的人很多，在文化建设方面很有成就。

但是，章帝对外开发方面的成绩并不理想。马援平定陇西二十年后，由于守卫边防的官吏常常欺侮异族，引起许多误会和仇恨。陇西太守张纡（yú）设宴邀请羌人首领，却暗中在酒里下毒，许多羌人被毒死，因而引起羌人叛乱。边疆正当紧张的时候，章帝却在洛阳去世了。

章帝死后，由十岁的刘肇继位，就是东汉和帝。由于朝中大权全操在窦宪的手中，外戚掌管朝中一切，东汉气势从此一天比一天衰弱。

第九章 汉代的衰败

◎外戚与宦官的冲突

◎党锢之祸

◎帝国的分裂

外戚与宦官的冲突

东汉经过明帝、章帝的盛世，老百姓算是过了一段好日子。到了和帝时，窦太后专横，大权落在窦宪的手中，朝中的秩序大乱，东汉从此走向没落。

从汉和帝到汉献帝的几位皇帝，大多是年幼无知的小皇帝，完全由母后临朝管事，大权自然落在外戚的手中。等到皇帝长大了，想要压制外戚的势力，唯一可以信赖的人，便是服侍在身边最亲信的宦官。皇帝和宦官合力除去外戚的势力，外戚的权势虽得以制衡，朝中大权却改落入宦官手里，一股新的势力又俨然成形。东汉末年就一直在外戚和宦官争权夺利下走向衰弱和败亡。

我们来看看东汉末年的几位小皇帝。

和帝十岁当皇帝，窦太后掌权。

殇帝出生一百天就当皇帝，由邓皇后辅佐，一年后就死了。

安帝十三岁当皇帝，由邓太后当权。

顺帝十一岁当皇帝，由宦官掌权。

冲帝两岁当皇帝，由年轻的梁太后主政，不到一年就死了。

质帝八岁当皇帝，由梁太后主政。

桓帝十五岁当皇帝，仍由梁太后主政。

灵帝十二岁当皇帝，由窦太后当权。

献帝九岁当皇帝，由何太后当权。

看了上面的记录，我们就知道：一个国家到了这种地步，还能够不亡吗？从东汉和帝永元元年到汉献帝初平元年(公元八九——九〇年)，共历经九个小皇帝；除了和帝、安帝、顺帝、灵帝在位的时间稍久，其他几位都很短命。东汉末年由强而衰，在外戚和宦官争权中，像一颗光芒万丈的巨星，变成了一颗流星消失在夜空中。

汉和帝十岁当皇帝。朝中大权掌握在舅舅窦宪手中，窦宪的权力凌驾三公。和帝年纪虽小，但是到了十四岁，眼见国舅跋扈（báhù，专横暴戾，欺上压下），全朝都是窦家的人，连皇帝都得听他的指使时，心中也觉得不妥。然而他力量薄弱，唯一可以亲近的就是身边的宦官。跟和帝最亲近的宦官叫郑众，他的心眼儿多，做事机灵，和帝便和郑众密谋除去窦宪。一个十四岁的小皇帝，敢不动声色地除去窦宪的势力，胆识不可谓不大。可是他靠宦官除去外戚，朝中权力却又落到宦官手里，这可能是他始料未及的事。东汉宦官干涉朝政也从此开始。

到了永元十四年（公元一〇二年），汉和帝跟父亲一样做错了一件大事。他虽然讨厌外戚，可是他废掉阴皇后，立邓贵人为皇后，又让皇后的哥哥邓骘（zhì）当虎贲中郎将，弟弟邓悝（kuī）当黄门侍郎，于是又走回外戚干政的老路，就像章帝在位的时候一样，大权又落在外戚的手中。

小皇帝和帝死了，由生下来才一百多天的刘隆继承皇位，可是他不到一年也死了；又立十三岁的刘祜（hù）为东汉安帝。安帝虽然在位十九年，大权却都在邓太后手中，直到邓太后死后他才亲自主政。

朝中一连几个小皇帝，政事根本无法好好治理，于是边疆的羌人、匈奴开始闹事，接着各地发生水灾、蝗灾、旱灾，社会上乱得不像样。

邓太后死后一个月，安帝因为痛恨外戚，发动了一场悲惨的政变。汉安帝消灭邓家所有的势力，可惜由于他宠信阎皇后，重用阎家人，朝中除去了邓家人，又变成阎家的天下。阎太后嫉妒心强，心狠手辣，安帝在位时，可以说没有一点政绩，最后竟在出巡时，不明不白地死在半路。

安帝死后，大权操在车骑将军阎显和大将军耿宝的手中。他们两人原是好友，由于利益冲突而成仇人。阎显结合党羽控告耿宝，逼得耿宝自杀身亡，从此朝中又成了阎家的天下。

小皇帝刘懿（yì）从即位那天开始就生病，没多久就死了。阎显想立河阎王的儿子为帝，但宫中有个势力庞大的宦官，叫孙程，他想立济阴王刘保为帝，私下结合朝中大臣推翻阎显，将阎太后逼出宫，迎接十一岁的刘保当皇帝，就是东汉顺帝。

孙程虽然是宦官，人倒很忠诚，在他主政下勉强控制住大局。可是另外有一个宦官叫张防，也是顺帝身边的红人，他不像孙程那么忠厚，不但利用自己的地位欺压百姓，向人勒索钱财，还自成一个共犯集团，朝里无人敢招惹他。大臣虞诩（xǔ）看不惯，几次想要向顺帝报告，都被张防拦下来，结果虞诩反而被张防陷害入狱。后来虞诩的学生联合起来向顺帝请愿，才将虞诩救出。

顺帝十七岁的时候，选梁贵人为皇后，并加封皇后的父亲梁商为执金吾，弟弟梁冀为步兵校尉，并且封为襄邑侯，连皇帝的奶妈宋娥也被封为山阳君。

宦官和外戚争权一直是朝中动荡的根源。大臣李固认为顺帝的做法恐怕会引起宫廷政变，他耿直地向顺帝指出宠信奶妈和宦官，以及重用皇后娘家人的危险。顺帝很重视李固的意见，然而这个举动却引起奶妈的不满，她暗中结合宦官打击李固。李固知道自己势力薄弱，只好回乡隐居，不再当官了。

顺帝的岳父大将军梁商没有仗恃权位欺压别人，他的儿子梁冀（jì）却是一个大坏蛋，靠着父亲是大官、姐姐是皇后而做了很多坏事。梁商死后，不懂事的顺帝竟让梁冀继承他父亲的职位，当上大将军。顺帝这时候完全被小人包围，梁冀几乎是要什么有什么，无往不利了。

顺帝三十岁去世，他没有儿子，只好立虞美人的孩子刘炳（bǐng）继承帝位。当时刘炳才两岁，所以由梁皇后主政，朝中大权因此落在她弟弟梁冀的手里。小皇帝四个月不到就死了，改立八岁的刘缵（zuǎn），就是东汉质帝，大权仍然操在梁冀手中。

质帝是渤海孝王刘鸿的儿子，即位时年纪很小，可是很聪明，口齿也非常伶俐。一天，梁太后带小皇帝上朝，他指着梁冀说："这个大将军好蛮横啊！"

梁冀听了脸一红，狠狠瞪了小皇帝一眼。没多久，梁冀派人在饼中下毒，将小皇帝毒死。小皇帝死后，由汉景帝的曾孙，十五岁的刘志当皇帝，是为东汉桓帝。经过这件事，没有人敢再挑衅（tiǎoxìn，借端生事，企图引起冲突）梁冀了。

和平元年（公元一五〇年）梁太后死了，于是十九岁的桓帝亲自上朝主政，但朝中的大小事仍然要听梁冀的。梁冀怕桓帝对他不利，暗中买通宫里的宦官，随时向他报告桓帝的一举一动。

梁冀的将军府华丽辉煌，如同皇宫，但他还不满足，又在将军府的对面为妻子建宅邸（dǐ）。他成天在府中玩乐，谁想见他都要先送一堆金子打点。梁冀喜欢养兔子，他将洛阳城外一大块好田地圈为兔子园，豢养（豢，音 huàn；喂养）各种兔子。有人敢捕捉他的兔子，就会被抓来偿命。不知道这项规定的百姓，往往因此送掉性命。

桓帝的皇后是梁太后的小妹，在宫里横行霸道，谁都招惹不起。她自己没生孩子，也不准皇帝喜欢其他的嫔妃。桓帝长大了，对皇后很反感，渐渐不理她，不久竟把她气死了。

这时有一个漂亮的女孩叫邓猛。梁冀的妻子将邓猛改姓梁，送入宫中给皇帝当贵人，而且逼皇帝立她为皇后。邓猛的母亲不甘心女儿被改姓，便偷偷入宫向皇帝告状。

桓帝早就讨厌梁冀，却又不敢发作。夜里，皇帝上厕所，悄悄问身边的宦官康衡：“宫里谁和大将军最合不来？”

康衡是皇帝的亲信，他看看四周没人，就在皇帝的耳边小声说：“单（shàn）超、左倌（guān）、徐璜（huáng）、具瑗（ài），他们都很恨大将军。”

宫里的宦官有很多被梁冀收买，可是也有些不买梁冀的账，因此宫中的宦官分成两派，一派听梁冀的话，一派跟皇帝较亲近。

桓帝知道梁冀的厉害，表面上不动声色，暗中却让康衡和单超他们拟定计划，想法子除掉梁冀。

一切就绪，桓帝故意气愤地告诉单超、左倌：“大将军横行霸道，目无王法，迫害爱国的臣子，朕决心斩草除根，你们有什么意见？”

单超、左倌听了皇帝这样严厉的话，冒出一身冷汗，顿了一会儿，单超说：“梁冀早该杀头。”

“好！你们立刻去办。”

“不过……”单超有些犹豫地说：“下手容易，只怕……陛下犹疑不定，明天又改变旨意，臣等岂不死无葬身之地？”

“改变旨意？为国家除去奸贼，有什么好迟疑的？”

桓帝郑重地说完，在单超的手臂上咬了一口，以表示他的决心。

延熹二年（公元一五九年）八月，单超等人趁梁冀没有防备的时候，先将梁冀的心腹抓起来。桓帝突然上朝宣布圣旨，派一千多人包围梁冀的官府，收回他的印绶（shòu）。

作恶多端的梁冀做梦也没有想到会落得这个下场。他知道如今只有死路一条，不等人抓他，就跟他的妻子自杀了。桓帝将他所有的财产充公。老百姓听说梁冀被杀，没有人不高兴的。

梁冀死了，桓帝给单超、徐璜、具瑗、左倌、康衡五个宦官赏金，又一一封了侯，这就是有名的“五侯”。梁贵人恢复原来的姓氏——邓，并封为皇后。过去被梁冀排挤的大臣，如黄琼、陈藩、范滂（pāng）等人纷纷被请回朝，担任重要工作。他们都是当时很有学问的人，做事正直、敢说真话，人民看到朝中有一番新气象，都很庆幸。可惜，桓帝封了五侯后又封皇后的父亲和哥哥，结果朝中又变成了宦官和外戚的天下。那些一心为国家做事的人，又受到排挤，有的就自动回家养老去了。

五侯中的单超死后，剩下来的左倌、具瑗、徐璜和康衡四个人仿佛在比奢华，看谁的房子盖得最豪华，看谁的生活排场最大。四个人互相结为亲家，所做的事竟比梁冀更糟。提到五侯，老百姓无不咬牙切齿，但是桓帝喜欢他们，别人又能怎么办呢?

这时候，西北方有羌人作乱、匈奴骚扰，国内又有天灾，朝中宦官也闹得无法无天，这段时间，可以说是东汉最混乱的时期。幸亏还有一个英勇的猛将殷须出兵平定羌人和匈奴，使边疆暂时获得安宁。境外稍安，没想到宫中宦官却又酿成了党锢之祸。

党锢之祸

东汉时代的读书人都很受尊重，因为他们重视气节，将人格看得比钱财重要。这些重视名誉的读书人因为志趣相投，在社会上渐渐形成一股力量，对东汉的社会风气影响很大。但是自从东汉和帝之后，接连继位的都是小皇帝，由母后当朝。皇后为了保住自己的地位，只得求助娘家的人和宫中的宦官；但是他们又怕引起社会上的批评，不得不拉拢那些重视气节的读书人。于是在京都大兴土木，扩建太学。当时在京城里的太学生就有三万多。

太学生们重视人格，看到不合理的事就批评，而那些有皇帝撑腰的宦官，时常胡作非为，当然就成了太学生攻击的对象。这些读书人手里没武器，却有一股视死如归的精神，他们有的在朝当官，有的隐居在山里，共同的目标都是为了真理而奋斗。这些人的精神领袖是陈藩和李膺（yīng）。

宦官自然不会放过那些太学生，于是在桓帝面前捏造陈藩、李膺的罪状，说他们集党结社，专门在背后批评朝廷。皇帝信以为真，一口气就关了两百多个读书人。桓帝事后一想，觉得这样做不太妥当，又将这些人放了。读书人认为他们被释放是胜利的象征，为了追求真理和理想，反而更加团结。

这件事稍稍平静时，桓帝就去世了。桓帝没有儿子，因此立十二岁的堂弟刘宏为帝，他就是东汉灵帝。像过去一样，小皇帝由太后听政，窦太后的父亲窦武为大将军。

陈藩和窦武原是好朋友，窦武当了大将军后，请陈藩当太傅。陈藩有理想、有抱负，做事认真负责，很得窦太后的信任。但是宦官曹节、王甫以及灵帝的奶妈赵娆（ráo）和陈藩并不是站在同一阵线，因此又演出一场宫廷政变。

宦官在宫中惹是生非，陈藩极为反感，私下跟窦武商量，设法除去曹节和王甫的恶势力。一天，大将军不在宫中，宦官朱璃（lí）就跑进大将军办公的地方偷看奏章，发现陈藩和窦武计划清除宦官，于是急忙去找曹节、王甫。十七个宦官集结在一起，齐力要除掉窦武和陈藩。他们先夺取玉玺，再捕捉太后、陈藩和窦武。

八十多岁的陈藩知道大事不妙，带了几十名学生拿着刀枪反抗。读书人哪里敌得过凶悍的卫士，结果陈藩禁不起毒打，倒地而死；窦武无法突出重围索性举刀自杀。

窦武、陈藩虽死，曹节、王甫担心他们的手下和学生会起来反抗，就奏请皇帝再抓党羽。

十四岁的灵帝，懵（měng）懂地问曹节："什么叫党羽？"

"就是那些集结在一起，不干好事的人。"

灵帝又问："做了什么不好的事？"

曹节、王甫不愿意多费口舌，没好气地说："就是要造反，杀皇帝。"

灵帝别的事不懂，听到说要杀皇帝，两只眼睛瞪得又圆又大。

"那……那不就是要杀朕吗？"

曹节、王甫这才发现灵帝的小脸上挂着泪，原来他被吓坏了。两个宦官忍住笑，哄了半天才让小皇帝拿起笔，在圣旨上批准他们的请求。

有了皇帝的圣旨，曹节、王甫很快将李膺等二十多人抓起来。许多无辜的读书人也被波及，一千多名太学生因此丧命。

这时有个叫蔡邕（yōng）的读书人，眼看朝纪大乱，就上书给皇帝，指出宦官的种种罪状。灵帝看了，无奈地长叹一声，也拿不出什么好主意。曹节偷看了蔡邕的上书，发现上面所写的事，件件都跟他有关。他怕皇帝治罪，于是抢先捏造事实，写了一封匿名信诬告蔡邕，蔡邕竟因此被关进狱中郁闷而死。

从此以后，再没人敢反对宦官了，宦官的行径也更加张狂。

王甫有个干儿子叫王吉。王吉靠着他干爹的权势，动不动就欺侮人。灵帝虽然二十四岁了，仍然只知吃喝玩乐，整天被那些宦官哄得团团转，完全不管政事。为了过更奢靡的生活，竟贩卖官位，有钱的人就可以买官来当，甚至连狗都被封官。

有了钱，灵帝更懂得享受。他在宫中大兴土木，还强占百姓土地，建造豪华的大花园。花园中建了很多小桥，桥上盖了“裸游馆”。灵帝挑选年轻美丽的女孩，光着身子在溪水中跟皇帝嬉戏。

灵帝玩得高兴，直说：“像朕这样快快乐乐活一万年，那才真是活神仙呢!”

灵帝这样昏庸，东北的鲜卑便趁机作乱。乱世中，老百姓为了求神保佑，也益发迷信。

这时候，有个叫张角的人利用妖术传授生徒，用符咒给人治病，最后竟演变成“黄巾之乱”。

帝国的分裂

社会不安定，就易发生奇奇怪怪的事情。在巨鹿有个名叫张角的人，自称“天公将军”。他趁着人心惶惶的时候，招收一些无知的老百姓，传授他们一些妖术，说他们可以用符咒给人治病。在短短的十年中，就有了十万多个徒弟。有人要求汉灵帝逮捕他们，但是皇帝整天玩乐都来不及，哪里还管得了这些事情?

后来，宦官和张角勾结在一起，计划在中平元年（公元一八四年）三月起兵造反，这时有个叫唐周的人向皇帝告密，灵帝才知道事态严重。

这些人都用黄巾裹头，所以叫“黄巾贼”。灵帝发现情况不对后，立刻下令兵分三路讨伐黄巾贼。其中卢植擅长打仗又会写文章，是个文武双全的将军，每每让黄巾贼吃败仗。但是卢植性情耿直，不肯讨好宦官左丰，于是左丰编了一套假话，说卢植不肯听命作战，灵帝就将他判了死罪，改派董卓代替卢植。

董卓在西北长大，作风很凶悍，却被黄巾贼打得大败。灵帝又派皇甫嵩去讨伐张角，皇甫嵩被黄巾贼围困在长社，正当快支援不住时，骑都尉曹操带救兵来了，两相夹攻才得以退敌。

曹操从小脑筋灵活，但整天游手好闲不干正经事，想不到讨伐黄巾贼立了大功，当起了济国相。

中平元年（公元一八四年）的年底，黄巾之乱被平定了。

黄巾贼闹得正凶时，为了镇压造反的兵乱，朝廷将地方官的刺史改为州牧，给他们指挥军队的权力。虽然因此很快平定了黄巾贼，可是那些有了兵权的地方官，从此渐渐不听朝廷的指挥，也种下东汉走向分裂覆亡的祸根。

中平六年（公元一八九年），只知玩乐的灵帝死了，董太后和何太后为了立帝的事又闹出外戚间互相残杀的悲剧。董太后要立皇子刘协为帝，何太后想立皇子刘辩为帝，两相争夺的结果，何太后胜利，十四岁的刘辩即位，是为少帝，朝中大权则落在何太后和她哥哥何进的手中。

大将军何进最讨厌宦官，有了大权之后，就结合中军校尉袁绍，计划对付宫中的宦官。袁绍秘密发信给京城附近的将帅们，请他们一起行动，合力消灭宦官。

曹操听到这件事，哈哈大笑："从古到今，宦官作乱已是家常便饭，这种事要怪只能怪上面无能，又怎能怪下面人兴风作浪呢？拿小宦官出气，真是找错对象了，哈……这事铁定搞砸。"

董卓接到袁绍的信，立刻带兵入京。何太后知道事情严重，就下令所有的宦官离宫回家。袁绍劝何进要马上采取行动，何进怕太后怪罪，瞻前顾后不敢放手做，因此袁绍假借何进的名义，下令搜捕宦官的家。那些平日搬弄是非的宦官，听说要被抄家治罪，个个人心惶惶。

宦官张让的儿媳妇是何太后的妹妹。张让眼看大难临头，一面向何太后求情，一面假传圣旨杀何进。袁绍和何进的部下听说何进被杀，大举攻进皇宫，把守宫门的守卫不肯开门，袁绍便放火烧宫。张让一看宫里起火，竟骗太后说何大将军造反了，硬挟持何太后和小皇帝。半路上何太后被救，小皇帝却被宦官强行带走。

袁绍一进宫，看到没有胡子的男人就认定是宦官，忙乱中不知杀死多少无辜的人。这时宫中一片火海，烈焰冲天。

董卓在京城外看到京城里的景象，就擅自率兵入城。看见宦官抱住一个小孩，哭哭啼啼闹个不停，董卓问那宦官怎么回事，宦官不理睬，可是九岁的皇子刘协，却是问什么答什么，很清楚地将事情经过告诉董卓。

董卓看着九岁的刘协，脸上露出一丝奸笑，心想："刘协是董太后养大的，我也姓董，我们是同宗，太好了，我干脆废掉小皇帝刘辩，改立刘协为皇帝。"

董卓进城后，很快控制住乱事。他兵权在握，不把任何人放在眼里。他跟袁绍商量废掉小皇帝，立刘协为帝。

袁绍严厉地回他："不可以！这样天下都不会信服。"

董卓瞪大眼睛，胡子翘得好高，"嗖"的一声拔出剑来。

"现在一切都在我手里，谁敢不听？难道你认为我的剑不够快吗？"

"你这是什么道理？你以为你姓董，天下就是你的了？"袁绍非常不服气。

霎时间，袁绍也"嗖"的拔出刀，两人短兵相接，当场厮杀了起来。最后袁绍打不过董卓，落败而逃。

中平六年（公元一八九年）九月，董卓废掉小皇帝刘辩，立刘协为皇帝，是为汉献帝。

皇子刘协是汉代最后、最悲惨的一个小皇帝。太尉董卓独揽大权，不久又当了国相。董卓知道废小皇帝的事不对，为了堵住大家的嘴，便想封袁术为后将军，封曹操为骁(xiāo)骑校尉。但是曹操和袁术看出董卓的野心，都拒绝接受他的封号。袁术逃到鲁阳，曹操逃到陈留。

董卓知道曹操的野心并不比他小，曹操的逃走让他感到害怕，就请人画曹操的肖像，到处捉拿。曹操被逼得无路可走，只好改名换姓，逃出虎牢关。

由于天下百姓并不服董卓，因此袁术可以顺利地带着三路人马攻打洛阳。匆忙中，董卓搜刮了宫中所有的财宝，一把火烧了洛阳，然后带领人马迁都长安。

袁术的人马多却不齐心，人人都为了保存自己的实力，存着观望的态度。曹操则是孤军奋战，结果在荥(yíng)阳败给董卓。这时候更没有人再敢跟董卓对抗了。

正当大家都退缩不前的时候，长沙太守孙坚却勇敢地北上讨伐董卓。孙坚先败后胜，董卓逃走。孙坚进入洛阳，城中早被董卓烧成一片焦土。他在洛阳驻兵扎营，在挖井取水时，捞出一块玉玺，上面刻着“受命于天，既寿永昌”几个字。

孙坚看了玉玺上的字，突然两手发热，血液奔腾。原来这颗玉玺是传国之宝，已经有四百多年历史。孙坚很小心地将玉玺藏在怀里，心中萌起做皇帝的野心，从此励精图治，称雄东南各地。

董卓在长安作威作福，像天子一样神气。他担心人家算计他，便收武艺高强的吕布当干儿子，随时在身边保护他。董卓是个喜怒无常的人，有一次吕布犯了一点错，他就拔剑丢掷，幸好吕布躲得快才没有受伤，从此吕布就在心里埋下报复的种子。

这时朝中大臣无不痛恨董卓，只是大家敢怒不敢言。王允是董卓身边最亲近的人，表面上似乎忠心耿耿，私下却跟其他的大臣一样，一直想伺机除掉大害。王允知道吕布和董卓渐渐不和，一天，王允请吕布吃饭，故意挑拨他和董卓的感情。喝得醉醺醺的吕布果然破口大骂董卓，王允趁这个机会跟吕布约好，准备一起谋杀董卓。

初平三年（公元一九二年）四月，董卓上朝时，王允派人用短剑刺向董卓，但董卓身穿甲衣，没有刺中要害。

董卓在惊险中大喊吕布："我儿在哪里？"

吕布来到他面前，带着愤怒的表情，取出预先写好的讨董卓诏书，说："奉诏讨贼！"

"你……你造反了……"

董卓话没说完，就被吕布一剑结束了老命。

长安城里的人听说董卓死了，都在街上庆祝。王允将董卓的尸体放在大街上。有个士兵点了一枝蜡烛，扎在他的肚脐里，肥胖的、充满脂肪的尸体让这支蜡烛燃烧了好久才点完，大家给它起个名字叫"卓灯"。

董卓死后，李傕（jué）、郭汜（sì）伺机挟持小皇帝刘协，想借着天子来提高自己的地位。

后来局势越来越乱，大家争着起兵称雄，对小皇帝也失去兴趣。

曹操一看大家都不要小皇帝，认为这是个大好机会，就带领大军进入洛阳，将小皇帝挟持到许昌，曹操自封为大将军、武平侯。有了皇帝做护身符，在官渡一战又打败袁绍，这时的曹操成了力量最强的人。

曹操挟持天子汉献帝，想要指挥诸侯并吞天下，实际上他自己就是皇帝，汉献帝只是个傀儡（kuǐlěi，比喻受人操纵的人或组织）。野心勃勃的曹操率领十万大军南下，梦想一举消灭刘备和孙权，结果赤壁之战尝到败果，从此就和刘备、孙权三分天下。

曹操死后，他的儿子曹丕（pī）继承帝位，是为魏文帝，国号魏，或称曹魏，定都洛阳。

刘备在曹操称帝后，定都成都，国号汉或蜀汉，是为汉昭烈帝。占据东南的孙权，继承他父亲孙坚的王位，定都建业，自称吴大帝，国号吴，或称孙吴。

前汉（西汉）、后汉（东汉）加上建安二十四年，共计四百零六年。曹操篡汉，自称魏王，死后由他的儿子称帝，汉朝已全部结束，中国的历史进入魏蜀吴三国鼎立的时代。

附录：前后汉大事记

帝王年号(西汉)		公元	大事
高祖	元年	前二〇六	刘邦入咸阳，秦亡。
	二年	前二〇五	项羽自立为西楚霸王。
	五年	前二〇二	垓下之战，项羽在乌江自杀。汉王称帝大封群王。
	六年	前二〇一	韩信降级为淮阴侯。高祖大封刘氏宗人为王。
	七年	前二〇〇	高祖伐韩王信，被匈奴困在平城。定都长安。
	十一年	前一九六	平陈豨，杀韩信、彭越，英布造反。
	十二年	前一九五	高祖还乡，在长乐宫去世。
惠帝	元年	前一九四	吕后杀害赵王如意及戚夫人。
	二年	前一九三	萧何卒，曹参为相。
	七年	前一八八	惠帝在未央宫去世。
吕后	元年	前一八七	吕后临朝，重用审食其为左丞相。
	四年	前一八四	吕后杀少帝。
	七年	前一八一	封吕产为梁王，吕禄为越王。
	八年	前一八〇	吕后卒，刘章、陈平与周勃立代王刘恒为帝，是为文帝。
文帝	元年	前一七九	陈平、周勃为左右丞相。
	二年	前一七八	陈平卒。
	十三年	前一六七	废除肉刑。
	十四年	前一六六	晁错上书削藩。
	后元六年	前一五八	匈奴入侵上郡、云中，周亚夫屯兵防守。
	七年	前一五七	文帝卒，子刘启继位为景帝。

续表

帝王年号(西汉)		公元	大事
景帝	元年	前一五六	与匈奴和亲。
	三年	前一五四	吴楚七国之乱,周亚夫等平定。
	四年	前一五三	晁错被杀。立刘荣为太子,刘彻为胶东王。
	七年	前一五〇	废太子刘荣,立刘彻为太子,周亚夫为相。
	中元二年	前一四八	临江王刘荣自杀。
	后元元年	前一四三	周亚夫死在狱中。
	三年	前一四一	景帝卒。刘彻即位,为汉武帝。
武帝	建元元年	前一四〇	始建年号。
	元光元年	前一三四	李广屯兵云中防御匈奴。
	二年	前一三三	马邑之谋失败,武帝杀王恢。
	六年	前一二九	卫青、公孙贺、李广等出击匈奴。
	元朔元年	前一二八	立卫子夫为皇后,生太子据。
	二年	前一二七	卫青出击匈奴,收复河南地方,置朔方郡。
	五年	前一二四	卫青率六将军出击匈奴大胜，升为大将军。
	六年	前一二三	卫青出击匈奴大胜。封张骞为博望侯。
	元狩二年	前一二一	霍去病出击匈奴大胜，浑邪王归顺汉朝。
	四年	前一一九	卫青、霍去病出击匈奴大胜。
	六年	前一一七	霍去病卒。
	元鼎二年	前一一五	西域通。
	五年	前一一二	杨仆、路博德等平服南越。

续表

帝王年号(西汉)		公元	大事
武帝	六年	前一一一	平定南越置九郡,伐东越,定西南夷为五郡,又置张掖、敦煌郡。
	元封元年	前一一〇	武帝巡视北方。
	三年	前一〇八	平朝鲜,置四郡。
	五年	前一〇六	武帝南巡。卫青卒。
	六年	前一〇五	以江都王之女刘细君嫁乌孙。
	太初元年	前一〇四	贰师将军李广利征大宛。
	天汉元年	前一〇〇	匈奴归汉,苏武答聘被扣。
	二年	前九九	李陵被匈奴俘虏。
	四年	前九七	李陵全家被杀。
	征和元年	前九二	巫蛊之祸。
	二年	前九一	江充因巫蛊案引起宫廷大乱,太子、皇后自杀。长安之乱,亡数万人。
	后元元年	前八八	武帝杀钩弋夫人。
	二年	前八七	立弗陵为太子,霍光辅政。武帝卒于五祚宫。
昭帝	始元元年	前八六	霍光摄政。
	六年	前八一	苏武自匈奴返回。
	元平元年	前七四	昭帝卒,立昌邑王刘贺为帝,仅二十七日被废。立皇曾孙刘病已,是为宣帝。
宣帝	本始元年	前七三	霍光继续辅政。
	四年	前七〇	立霍氏为皇后。
	地节二年	前六八	霍光卒,宣帝亲自主政。
	四年	前六六	霍氏之乱。
	五凤四年	前五四	匈奴单于称臣。
	甘露三年	前五一	匈奴呼韩邪单于来朝。乌孙解忧公主来归。

续表

帝王年号(西汉)		公元	大事
元帝	初元二年	前四七	宦官弘恭、石显专权。
	竟宁元年	前三三	嫁宫人王嫱为呼韩邪单于阏氏。元帝卒,骜立,是为成帝。
成帝	建始元年	前三二	成帝舅父王凤为大司马、大将军。
	河平二年	前二七	成帝封舅父五人为侯。
	阳朔三年	前二二	大将军王凤卒,王音为大将军。
	永始元年	前一六	封王莽为新都侯。
	二年	前一五	王音卒,王商为大司马。
	元延元年	前一二	王商卒,王根为大司马。
	绥和元年	前八	王莽为大司马。
	二年	前七	成帝卒,哀帝即位。
哀帝	建平四年	前三	封董贤为高安侯。
	元寿元年	前二	傅太后卒。董贤为大司马。
	二年	前一	哀帝卒,王莽复为大司马,立中山王衎,是为平帝,王太后临朝。
平帝	元始元年	公元元年	王莽为安汉公。
	四年	四	王莽女儿当皇后,王莽封为宰衡。
	五年	五	王莽加九锡。平帝卒,立宣帝玄孙婴为帝,王莽摄政,西汉至此已亡。
孺子	居摄元年	六	王莽假称皇帝。
	二年	七	翟义起兵讨王莽。
	初始元年	八	王莽废孺子婴自即帝位,国号新,西汉亡。

续表

帝王年号(西汉)		公元	大事
(新)王莽	始建国元年	九	王莽改制。
	五年	一三	王莽姑母王太皇太后卒。
	天凤四年	一七	绿林兵起,王莽作威斗。
	地皇三年	二二	刘演、刘秀起兵南阳春陵。
更始帝	更始元年	二三	刘玄称帝,国号更始。昆阳大战,汉兵入长安,王莽被杀。
	二年	二四	刘秀灭王郎,大破铜马贼。
(东汉)光武	建武元年	二五	刘秀即帝位,定都洛阳,为东汉光武帝。赤眉军入长安杀害更始。
	十一年	三五	马援为陇西太守,大破先零羌。
	十三年	三七	马援平参狼羌。
	十四年	三八	西域莎车、鄯善遣使入贡。
	十七年	四一	废郭皇后,立阴皇后。
	十九年	四三	马援平交趾。
	二一年	四五	马援出击乌桓。
	中元二年	五七	光武帝卒,太子即位,是为明帝。
明帝	永平三年	六〇	立马皇后,立皇子刘炟为太子。
	十六年	七三	廉范、窦固大破匈奴。班超出使西域,西域复通。
章帝	建初元年	七六	班超留屯西域疏勒。
	三年	七八	立窦皇后,窦宪枉法用事。
	七年	八二	废太子为清河王。立刘肇为太子。
	元和元年	八四	班超平疏勒之乱。
	章和元年	八七	班超破龟兹、莎车。
	二年	八八	章帝卒,窦皇后临朝,窦固掌权。

续表

帝王年号(西汉)		公元	大事
和帝	永元元年	八九	窦宪至燕然山大破北匈奴，拜为大将军。
	三年	九一	置西域都护,班超为都护。
	四年	九二	和帝亲政,诛杀窦氏家族。
	九年	九七	窦皇太后卒。班超派甘英使大秦,至西海而返。
	十四年	一〇二	立邓皇后。班超回京,卒于洛阳。
	元兴元年	一〇五	和帝卒。
殇帝	延平元年	一〇六	邓太后临朝,邓骘为车骑将军。幼帝卒,立清河王刘庆的儿子刘祜为帝。
安帝	永初元年	一〇七	废西域都护。
	元初二年	一一五	立阎贵人为皇后。
	建光元年	一二一	安帝亲政,诛邓氏族人,阎皇后兄弟用事。
	延光三年	一二四	废太子保为济阴王。
	四年	一二五	安帝卒,立北乡侯为帝,阎氏族人用事。北乡侯卒,宦官孙程等拥济阴王刘保为帝,是为顺帝,杀阎氏族人。
顺帝	阳嘉元年	一三二	立梁皇后,梁商当政。
	永和六年	一四一	大将军梁商卒,梁冀为大将军。
	建康元年	一四四	顺帝卒,太子炳即位,李固为太尉。
冲帝	永嘉元年	一四五	冲帝卒，梁冀立勃海王刘鸿子刘缵为帝。
质帝	本初元年	一四六	梁冀毒杀质帝,立刘志为帝。

续表

帝王年号(西汉)		公元	大事
桓帝	建和元年	一四七	立梁皇后。
	和平元年	一五〇	梁太后卒,桓帝亲政。
	延熹二年	一五九	杀大将军梁冀，封宦官单超等为五侯。
	八年	一六五	废邓皇后,立窦氏为皇后。
	九年	一六六	李膺等二百余人下狱。
	永康元年	一六七	桓帝卒,立解渎亭侯刘宏为帝。
灵帝	建宁元年	一六八	窦武为大将军。陈藩、窦武谋杀宦官失败。
	二年	一六九	党锢之狱再起,杀李膺等百余人。
	四年	一七一	立宋皇后。
	光和元年	一七八	废宋皇后。
	二年	一七九	杀王甫。
	三年	一八〇	立何皇后。
	六年	一八三	黄巾贼张角乱起。
	中平元年	一八四	何进为大将军。
	五年	一八八	刺史改为州牧,开始掌握军权。
	六年	一八九	灵帝卒,立刘辩为帝。大将军何进被宦官所杀,袁绍等大杀宦官,董卓入京,废帝,立陈留王刘协为帝。
献帝	初平元年	一九〇	讨董卓。
	二年	一九一	孙坚大败董卓,入洛阳。
	三年	一九二	王允、吕布计杀董卓。曹操破黄巾贼。
	四年	一九三	曹操破袁术。
	兴平元年	一九四	刘备屯兵徐州。
	建安元年	一九六	曹操入朝领司隶校尉,迁献帝于许昌。
	二年	一九七	袁术称帝。

续表

帝王年号(西汉)		公元	大事
献帝	四年	一九九	刘备起兵徐州,讨曹操。
	五年	二〇〇	孙策卒,弟孙权替代。
	十三年	二〇八	孙权、刘备大破曹操于赤壁。
	十七年	二一三	曹操自立为魏公。
	二十一年	二一六	曹操自称为魏王。
	二十四年	二一九	刘备称汉中王。
魏文帝	黄初元年	二二〇	曹操死,子曹丕即位。东汉亡。
	二年	二二一	刘备即帝位,定都成都。孙权称吴王。

图书在版编目(CIP)数据

给孩子们读的前后汉/马景贤著.—长沙:岳麓书社,2013.10

ISBN 978-7-5538-0080-6

Ⅰ.①给... Ⅱ.①马... Ⅲ.①中国历史—汉代—青年读物

②中国历史—汉代—少年读物 Ⅳ.①K234.09

中国版本图书馆CIP数据核字(2013)第008449号

GEI HAIZIMEN DUDE QIANHOUHAN

给孩子们读的前后汉

作　　者:马景贤

责任编辑:张卫国

责任校对:舒　舍

封面设计:刘　娟

岳麓书社出版发行

直销电话:0731—88804152　88885616

邮编:410006

岳麓书社网址:www.yueluhistory.com

岳麓书社淘宝网:http://ylbooks.taobao.com

2013年10月第1版第1次印刷

开本:850×1168　1/32

印张:8.25

字数:170千字

印数:1—8,000

ISBN 978-7-5538-0080-6/K·373

定价:20.00元

承印:长沙利君漾印刷厂

如有印装质量问题,请与本社印务部联系

电话:0731—88884129